「対話革命」は起こすことができます。

プロローグ

本書は、実際に私が担任した子どもたちとの授業事例をもとに、対話の日常改革場面を徹底的に取り上げました。

見どころ（読みどころ？）は、模擬授業の〝起こし〟と、実際の授業の〝起こし〟を掲載しているところ。

臨場感をもって対話の様子、子どもをつなげる様子を感じていただけたらと思います。

教師の話し方の日常改革、
教師と子どもの対話の日常改革、
子ども同士の対話の日常改革、

子どもの意見のさばき方の日常改革……。

この「日常改革」の積み重ねが「革命」を呼びます。

「対話的な授業」は、難しいことではありません。

それは、「日常何げなくしてきた教師の行為を変える」ことから始まります。

「対話的な授業」の実現は、子どもたちの思考を生みます。

そのためには、ただ話をさせるだけではいけません。教師がきちんと意図をもって、戦略的に仕掛けていかなければならないのです。

まずは本書で書かれている「日常改革ポイント」を、四月からずっと、続けてみてください。二学期以降、子どもたちの変化に気づくはずです。

ここまで書いてきて、突然ですがあなたは「教師」に熱中していますか。

おそらく本書を手に取られているほとんどの方が、「なりたくてなった教師という仕事」だと思います。だったら、「熱中」しなければ損です。

そのためには、「死にもの狂いでやる」という時期が必要です。

何に、死にもの狂いになるのか。
それは「授業」です。

授業がうまくいかずに本を読んだり、セミナーに出かけたりします。その中で、新しい方法を学び、試してみる。死にもの狂いでそういうことを繰り返しているうちに、「些細な成功体験」が生まれます。「子どもが書いた」「子どもが話した」「子どもが話を聞いた」といった「事実」が誕生します。

そして、面白くなってくるのです。

仕事が。教師という仕事が。

「授業」はなかなかうまくいかないですが、そこを磨く地道な努力を続けていくからこそ、それ以外のところも楽しめるのです。子どもが見えてくるようになるのです。

最終章には仲間と「対話」することによって子どもが変わっていく様子を、実際の授業VTRの起こしによってリアルに収録することができました。

教師を生業とする方ならば、面白がっていただけるかと思います。

教師の本道はまぎれもなく、「授業」です。

そこを楽しめるようになりたいですね。

「死にもの狂いで楽しむ、楽しみ尽くす」……一見矛盾しているようですが、今の私の感覚です。

ともに、「授業」に熱中しましょう。

そのために、本書が活用されますことを願います。

CONTENTS

CHAPTER 3

CHAPTER 4

CHAPTER 5

CHAPTER
1

教師の対話力はこう鍛える！

CHAPTER 1/01

「習慣」をつくる

意識し続ける

私たち教師の仕事と「話す」ことは切り離せません。教師として「話をすること」は仕事の根幹です。子どもたちとの関わりの中で、その瞬間に一番合った言葉を返せるようになりたい。教師なら誰もがそう思いますよね。

皆さんの周りにも、どうしてあの先生はとっさにうまい切り返しができるのかと感心する先生がおられるのではないでしょうか。「対話」の技術は現場の教師にとって、学びたい、身につけたいと心から欲する技術の一つです。私もセミナーや講演会でそんな現場の先生方の思いをひしひしと感じます。

その力を身につけるための特効薬はありません。

愚直に、毎日毎日子どもたちに星の数ほど発話させ、それを聞き、反応していきます。

ただ、それを〈やみくも〉に繰り返しても似たような日々が経過するだけです。

「教師の対話力」、「子どもの対話力」が向上するポイントがあります。

そのポイントを意識し続けながら日々、対話を繰り返すのです。

本書ではそのポイントをあらゆる角度から、実際の現場での一次情報を元に伝えています。

意識し続けることでそれは無意識となり、「習慣」が生まれます。

「習慣」は日常生活に革命を呼びます。

本書で紹介する「日常改革ポイント」を、一つずつ意識し続けてください。

一日一つ、「有意義な返答」を

改革ポイントを意識して、「有意義な返答」を一日に一つ確保しましょう。

「有意義な返答」か否かは、その返答をした後に、「説明ができる」ということです。

「説明ができる」ということは「〈何となく〉をなくしていく」ということ。

将棋の棋士も、プロ野球のピッチャーも、どんな職業でも、「何となく」がない人がプロです。

逆にプロでも、もし何となく球を投げたら、バッターは見逃しません。ホームランになります。

教師も同じ。

授業中の「何となく」を減らしていく作業が、プロ教師になるための道です。

無意識レベルで「何となく」がないプロ教師になりたいですね。

まずは一日に一つ、「有意義な返答」を意識し、それが次第に積み重なって「有意義な返答」で埋め尽くされた日常を手に入れましょう。

次項から、まずは「表情」まで遡って「話し方」「対話」に関する日常改革ポイントを見ていきたいと思います。

ワクワクしながら読み進めていただけると幸いです。

CHAPTER 1/02

顔の体操で表情筋を鍛える

大前提は顔の表情

子どもたちに話をする上で、大前提となるものは何でしょうか。

それは顔の表情です。何を話すかという内容以前にどんな表情をしているのか。**話すときのシグナルが、まず表情から出ているの**です。

そこで、まずは、顔の体操をしましょう。

顔の表情というと真っ先に〝笑顔〟を思い浮かべるのではないでしょうか。その笑顔、いつもすぐにできるわけではないのです。プロのアナウンサーや声優の方々は、顔の筋肉がほぐれていないと滑舌が悪くなるといいます。笑顔も同じ。顔の筋肉をまずほぐす。プロの方々でも笑顔のままで話すことは当たり前にできることではないそうです。

私たちはなおのこと、素敵な笑顔で話せるようにするためにも、子どもたちと一緒に、顔の体操を取り入れていきましょう。毎日取り組んで、表情筋を鍛えていきましょう。

一日を楽しくすごすおまじない

子どもたちの中にも、滑舌の悪い子、うまく発声のできない子がいます。表情豊かな子もいれば、能面のように表情のない子もいます。そういう子どもを見ると、少しかわいそうな気がします。

ですから、顔の体操は、一年生のうちから取り入れます。一年生なら喜んで取り組みます。

顔の体操をして、「それでは今日一日、笑顔でいきましょう」と声をかけるところから始めます。

ほっぺたをグッと押したり、口を開けてイーッという口、アーッという口をしたり……。

顔の体操はおまじないと一緒です。朝一番に顔の体操をすることで、「今日も一日楽しくすごせるよ」というおまじないになるのです。

そもそも笑顔になっていないと、落ち着いて相手の話を聞くことができません。教師の場合は特にそうです。

教師がただ一方的に興奮して話しているだけでは、なかなか子どもに言葉が伝わりません。

CHAPTER 1 / 03

子どもに刺さる「教師の話し方10か条」

では、さっそく教師の話し方で意識していきたい10のポイントを紹介します。

① 具体的に話す

一つ目は「具体的に話す」ということ。例えば、黒澤明監督の映画に『七人の侍』という映画があります。これは七人の侍だからいいのです。もし、「七、八人の侍」だったとしたら、ぼやけてしまいますね。**七人と言いきるからこそいい**のです。

話を聞いた後に、ぼんやりとした印象で終わらせるのではなく、教師が具体的に話すことで子どもにはっきりとしたイメージを持たせます。聞き取りやすく、集中して聞ける話というのは常に具体的です。子どもの名前、場所、日付、セリフ……。話はできるだけ具体的に進めます。

特に**褒めるときには、子どもの名前を出します**。「A君の話し方が良かった」「Bさんの話し方が良かった」と、名前を出して褒めます。褒められた子は誇らしく、周りの子も頑張ろうと前向きな影響を受けます。

日付に関していえば、正確にわからなくてもいいのです。例えば、「五年前の夏」と具体的な数字が出るだけで、話にリアリティーが増します。相手に伝わる話というのは、設定がきちんと組み立てられている話です。具体的な数字がその裏付けになります。また、「夏、八月、蟬が鳴いている、汗がすごくダラダラ出てくる……」と具体的に描写すると、聞き手の頭の中にその世界観を思い起こさせることができます。**描写に具体例を入れていく**と、より話がふくらんでいきます。

ただ、実際は細かいことを覚えておくのは至難の業です。特に教師は授業の中では、誰のどんな発言が良かったかを言わないといけません。人間は2秒で忘れるといいます。したがって、その場ですぐに復唱するのも手です。「今の○○君の発言みたいなことを言おう」と、その場で価値付けていくのです。

おすすめはメモを取ること。必ずメモ帳を持ち歩き、いつでも子どもたちの素敵な言葉をつかまえられるようにします。この場合、スマートフォンなどデジタルではなく、アナログのメモ帳というのがポイントですね。すぐ書きとめられるからです。

それと、もう一つ……。なぜ、メモ帳かというと、例えば、全校朝礼で校長先生が良い話をされたことを受けて教室で話すことがあります。その話を覚えておくために、朝礼でスマートフォンを出していたらどうでしょうか。結構きついですね（笑）。「何スマホ出してるの？」と。これがアナログのメモ帳なら全然印象が違います。「あの人、メモ取ってるわ！」と感心されますよね。

研修でもセミナーでも、スマートフォンを出していると、微妙な感じです。一方、メモ帳を出すと熱心に聞いているなという印象になります。

やっぱり、メモ帳なのです。**いつでもメモを取れるようにメモ帳をポケットに忍ばせて、いつでも書ける状況にしておきます**。

② 不確定要素を排除する

二つ目は**「不確定要素」を入れない**ということ。

例えば、給食指導の場面。給食の準備が遅いと、不用意に「君たち、冷めた味噌ラーメン食べたいのですか？」と言ってしまいます。これでは、子どもたちから反撃されてしまう。**注意が明確でないために、反論の余地を与えてしまう**のです。

私自身も失敗多数です。味噌ラーメンに限らず、熱いものは熱々で食べないとおいしくない。麺は伸びるしぬるいし。先の場合ならば、つい「冷めた味噌ラーメン食べたいのですか？」と言ってしまうとします。すると、少しやんちゃな子だったら、「食べたいです！」と言い返してくるかもしれない（笑）。

つまり、叱責や注意など、生徒指導の場面でマイナスの行動をプラスの行動に変えたいときは、不確定要素を入れてはいけないのです。

教室の掃除でも「どんどん汚くなるけどいいの？」と言ってしまったら、「いいよー」という子が必ずいます。これは明らかに教師の言い方に非がありますね。少しやんちゃな子から「いいよー」という声が出てしまうと、一瞬で教室の空気が濁ります。これは、まさに**教室の中で教師が劣勢になった瞬間**です。

教師が劣勢になることは避けたいのです。

例えば、クラスをつくっていく上で、教師がわざと〝いじられる〟ことは手段としてありますよね。

「ああ、もうわかんない。忘れた。何だっけ？」「ああ、そうだった。ありがとう」と、こういう流れの中で教師がわざと劣勢を装うのはいいのです。

そうではなく、**教師があえて権威を発動しなければならない場面で劣勢になっては**

ならない。劣勢を繰り返すと、教師の権威は徐々に下がっていきます。クラスの空気がだんだん濁っていきます。やんちゃな子の声が大きくなる。マイナスが大きくなる。マイナスがつながっていくことで、収拾のつかない状況に陥ってしまうことがあります。

こうした事態を引き起こしてしまって、一番かわいそうなのは子どもたちです。教室の雰囲気が悪くなると子どもたちが不幸になります。

この場合、教師は「冷たいラーメンは食べたくありません」とはっきり言い切ることが大切です。「食べたいですか？」と聞くような言い方、**聞いたときに反対のことを言わせてしまう言い方はしません**。「おいしくないです」と言い切ることが大切なのです。

クラスの雰囲気が微妙に陰っていくときは、こんな些細なことが原因なのです。教師の気持ちが高ぶって、「ちょっとあなたたち、こんなことしていいのですか？」と聞くような言い方をしてしまう。教師にまで声は届かないかもしれませんが、「いいよ」「別に」と言う子どもが必ずいます。それを周りの子が聞き、「いいよ」「いいよね」とどんどんクラスの雰囲気が落ちていきます。

教師が劣勢にならないためには、**きちんと子どもたちに勝つところは勝つ**。そのための話し方をすることです。

③ 言いそうで言わない

三つ目は授業中です。子どもの発言に対しての反応です。

教　師：あ！
子ども：え？
教　師：いや、あの……。
子ども：何なの?!
子ども：あ！　わかった！
教　師：いや、わかってないって（笑）。

このやり取りは、「言いそうで言わない」というケースです。とにかく教師はしゃべりすぎます。しゃべりたいことをぐっと抑えたら、必ず横から代わりに話し出す子どもが現れます。

言いそうで言わない。これをうまく使います。

研究授業を見ていると、教師が一人で話し続けている授業に出くわすことがあります。

「あなたが今言ってくれたことはこういうことなんですよね」と、話してしまうことはよくあると思います。私自身もやってしまいますが、実はこれはまったく必要ないのです。

「うーん」「はあ」「えっ」と**あいまいに返すことで、わかっている子が代わりに話してくれます**。それを期待し、意図して「言いそうで言わない」「言いかけてやめる」「なかなか言わない」ということをぜひやってみてください。子ども自身に考えさせるために、教師が言いすぎない、何もしないという方法です。

④ 声をつかい分ける

四つ目は「声のつかい分け」です。次の三つのケースを考えてみましょう。

①適度な緊張感を持って聞かせるため
②高く評価することを伝えるため

③子どもをのせるため

外科医が手術できるように、教師もケースに応じた技術を持っていないといけません。

①のケースでは、声のトーンを落として静かに話します。**きちんと伝えたいことほど静かに話したほうがいい**ですね。「話します。心を静かにします」とゆっくり話し始めます。

いつでも勢いよく、前のめりで話してしまうと、教室が騒然とします。そうではなく、一番聞かせたいことだけに絞り、トーンを下げて静かに話したほうが子どもたちに浸透していきます。

次に、②の高く評価する場合。「すごいなあ」というときは、トーンを上げ、わざと興奮したように話します。

時には、本当に子どもたちと一緒にワイワイ騒いでもいいくらいです。**教師は冷静な部分も必要ですが、子どもになる瞬間があってもいい**のです。

③の子どもをのせることについて。皆さんは、子どもたちをのせるために何かしていますか。〝先生然〟とした態度をとっているだけでは子どもはのってきません。「すげえ、やった」と手を振り上げるといった動作を加えると子どもたちの心が動きます。

体いっぱい使って「丸！」とやると、子どもたちものってきます。、そのとき、教師の声のトーンは上がっています。

一年生などはニコニコして体中で教師にぶつかってきます。ついこちらからも「やーい」とやってしまうくらいです（笑）。**教師の側からも全身で喜びを伝えています。**

子どもとの関わりで、しかめっ面をしていていいことはありません。どちらかというと、お釈迦様の手の上にこの子たちがいると思いながら、一緒に笑っている。ガハハと笑えるほうが絶対にいいのです。

教師が自分のつかう声をコントロールするなんて、かっこいいではありませんか。声のトーンまで変えて教師をするなんてかっこいい。教師の仕事は本当に大変ですから、それを頑張っている自分を褒めるような気持ちで、「俺、すげえ」とそんなふうにぜひやってほしいと思います。**「プライドを持って楽しく、明るく」**がいいのです。

⑤ 表情で〈空気〉をコントロールする

五つ目は表情で教室の空気をコントロールすることです。子どもたちは教師の表情をよく見ています。ですから、表情はすごく大事です。笑顔は当たり前。

表情と発話はセットになっているので、発話しているときの表情は大きなメッセージです。教師が真剣な面持ちで話をすることも大事ですが、いつもしかめっ面をしていたら、子どもは萎縮してしまいます。

しかめっ面で「何でも言っていいよ」と言われても、子どもたちにとっては微妙です。子どもたちが何でも話せるのは、教師が笑顔で「面白いね」と聞いてあげるから。その表情がすごく大事なのです。

研究授業を見ていると、特に顔がこわばっている先生もいます。大前提として紹介したように、表情や筋肉の「顔の体操」をして、授業に臨みましょう。子どもたちからしてみたら「何か先生、やたら笑ってるな」くらいでいいのです。表情が与える印象というのはなかなか手ごわいものです。いつもニコニコしていれば子どもたちは安心すると思います。

あってほしくはないことですが、子どもたちの中には家で笑顔になれない子もいます。家から避難するように学校に来ている子どももいます。そう考えたとき、家の中の雰囲気がまた学校でも続いたら、これほどきついことはありません。

そんな子にとって教師は、学校にいる間は親の代わりであり、お兄さんやお姉さん、おじいちゃんやおばあちゃんの代わりであったりします。**教師の表情で、「今日機嫌**

悪いな」と顔色を窺わせるようなことがあったら、それはすごく酷でかわいそうなことです。教師の表情が、教室の空気、クラスの雰囲気をつくることを忘れないようにしましょう。

⑥ 前提をつくって話す

「前提をつくって話す」のは、次に話す内容のニュアンスを頭に持ってくることで、子どもたちを安心させ、彼らに聞いてもらう方法です。

例えば、最初に「今から褒めます」と話すと、子どもたちは安心しますね。教師が前に出てきて「ちょっと話があります」と言ったらどうでしょう。何を言われるかと身構えてしまいます。

最初に「今から褒めます」と言って褒める。

「ちょっと難しいけどやってみようか」と言ってから次の課題を提示すれば、ハードルが下がる。

「たいへんだったけど、一年生から五年生までの面倒を見てくれてありがとう。でももう一回あるね。今日もう一回掃除しないといけないね」と最初にねぎらいの言葉を入れてからやるべきことを言えば、「そうだ、もう一回頑張ろう」とやる気が出ます。

また、「ここは手が挙がらなくてもいい場面だけど」とあえて言う。教師は「手を挙げなさい」と言うことはあっても、「手を挙げなくてもいい」とはあまり言いません。ですが、「手を挙げなくてもいい」と言う場面も時には必要です。難しい問題やみんなで試行錯誤しなければいけない問題のときには、

「これは難しいよ。手が挙がらなくてもいい場面だけど挑戦できる？」

と言えば、これが心の構えになります。じっくり考えなさい、真剣に考えなさい、言えなくても頑張ろう、という状態を生みます。

また、「一つだけ残念な話があったんだ」と教師が話し始めたら、そこで空気がピリッと変わります。

前振りをすることで空気をつくるということなのです。上手なスピーカーは、場の空気を整えてから話し始めます。テレビを見ていても、上手なタレントさんはそうです。場の空気や雰囲気に関係なく、自分の声だけで勝負しようと話し始めると、空気をかき分けて話している感じがしますね。前振りで教室の空気をつくってから話し始めるのが大事だということです。

学年集会など全体に話す場合もそうです。例えば、緊急の学年集会で学年の教師た

ちが話すとき、場を整えてから話すのと、慌ただしく子どもたちを座らせてワーッと話すのとでは、子どもたちの聞き方が全く違います。

「顔がこちらを向いていません。一人でもしゃべっていたら話せません」

というように注目を集め、最初に全体の空気をつくってから話し始めます。さらに、あえて声のトーンを落として話すと、真剣に聞かなければいけないのだと、子どもたちも受け止めます。このように空気をつくるのとつくらないのとでは子どもたちの受け止め方も違うので、話し始める前に環境を整えましょう。

もし明るい話題なら、教師がニコニコしながらスキップする感じで登壇してもいいわけです。それがボディーランゲージとして伝わっていく、非言語的な表現の部分です。表情もそうですが、非言語的な部分は、言語の与える印象にも大きく作用します。

⑦ 場所を意識する

あなたは教室の中での立ち位置について、意識していますか？

いつも真ん中の教卓のところで話す先生、いつも黒板の横に立って話す先生、いつも教室の角に立って話す先生など、無意識にずっと同じ場所で話し続ける先生がいます。クセになっているのかもしれません。

研究授業を見ていると、黒板にずっと張り付いている先生がいます。もったいないなあと思うのです。教師が動かなければ、端に座っている子は見えなくて、教師が何をやっているのかわかりません。教師が子どもたちの間をうろうろしすぎるのもよくありませんが、意図をもって適度にウロウロすることで、子どもたちの様子がよく見えます。

〝ちょっと空気がゆるいな〟と感じた場合は、あえて子どもたちの中に入っていきます。入っていったら子どもたちに〝良い圧〟が加わります。弛緩していた空気がピピッと戻るのがわかります。

また、目的によって**話すときの立ち位置を意識しましょう**。

どの場所に立つかを考えることはすごく大事なのです。板書するにしても、わざと背中を向けて隙だらけで板書するのか、身体を斜めに向けて子どもたちを見ながら板書するのかで、子どもたちの集中力は全然違ってきます。

話の上手な人は表情やボディーランゲージといった非言語的な部分で、優れています。立ち位置についても同じです。自分の立ち位置がどうなっているか、一度考えてみるといいと思います。

⑧ 自分のエピソードを話す

日頃から、子どもたちが聞きたいと思える話をするということも大事です。子どもたちは伝達事項ばかりを話す教師の話はあまり聞きたくないのです。

子どもたちは教師の失敗談を喜びます。子どもに媚びる必要はありませんが、教師も人間です。子どもたちも人間です。時々、「先生もこんな失敗したんやで」と楽しい話や面白い話をすると、子どもたちはだんだんそれを聞くのが楽しみになります。

私は、担任しているクラスの子どもたちに、毎年必ずEP（エピソード）を話しています。小学生の頃から今までに自分が体験した実話を、描写たっぷりに話すのです。一週間の最後の時間に話しています（二週間に一回になることもあります）。

さらに、次のように話します。

教　　師：でもね、先生、「エピソードをしゃべって！　しゃべって！」とずっと言われるのは嫌なんだよ。勉強しないでしゃべってるみたいになるでしょ。

子どもたち：わかるわかる。

教　師：それはだめだよね。

このやり取りを子どもたちは覚えているので、自分たちから「しゃべって」とは言いません。

あるとき、週の最終日の時間割を黒板に書いていました。こちらはエピソードを話すことをすっかり忘れていました。子どもたちは楽しみにしていて、教師が最後の時間をどう書くか注目しているわけですね。私はすっかり忘れているため、そのまま「ＥＰ」と書かずに終えました。子どもたちに微妙な空気が流れます。「ああ、ないんだ」とがっかりしているのです。ＥＰは今週はもうないんだとあきらめているのです。「エピソードはなくなった。信じた俺たちが悪かった」とそんな気持ちになっています（笑）。

その空気で私も気づきました。自分たちからは何も言わない。愛おしいではないですか。

これは絶対喜ばせたいですよね。黙って消して、ＥＰと書きかえました。そうしたら「やった」と歓声がわきました。一番やんちゃな男の子でさえ、「やった」と言ってくれました。ＥＰと書かれるのをずっと待っていたのです。

翌日、教室はエピソードを待ち望む顔でいっぱいです。「どれだけ重要なことになってんねん」というほど、楽しみにしてくれています。

そのときのエピソードは、「しまなみ海道珍道中」。しまなみ海道を歩いて三泊四日で周った話です。途中で一緒に行った友だちの財布がなくなったのです。そのシーンで一旦話を止め、「最後、財布はどうなったのかは次回」ともったいぶって続きにしていました。そうすると、続きの話を聞きたいのに、子どもたちは聞きたいとはアピールせず、次回を健気に待ってくれていました。

友だちが財布をなくしたなんて、最高のエピソードです（ごめん、友だち）。こんな経験をするとラッキーと思って、教室でのエピソードトークのネタにします（もちろん財布が戻ったので、話しているのですよ。念のため）。

日頃から教師の人間味が出る楽しい話をしたり、好きなことを話したり、特技を披露したりすることで子どもたちとの距離も縮まります。ぜひ、自分の体験したことをエピソードとしてためていきましょう。

⑨ 誰が話すか

誰が話すかというのはすごく大事なのですね。何を話すかではなく誰が話すか。子どもたちは信頼している相手だからこそ、話を聞こうとします。

私がそれを最初に意識したのは、学生時代にキャンプ指導員をやっていたときです。初めてキャンプに行ったときから、私にはずっと憧れのリーダーがいました。そのリーダーが話をすると子どもたちは本当に話をよく聞くのです。明らかに、他のリーダーが話すときとは違います。

「今からトイレ」ということまで、指示にちゃんと従っています。なぜなのかを観察していると、彼は子どもたちとの関係づくりが非常に上手なのだと気づきました。

カリスマリーダーはどんな些細なことでも子どもとちゃんと対話しています。みんなの前で話すときのために、バックヤードで個人的に子どもの話を聞いていたり、メモを取っていたり、そういうことを積み重ねていたことがわかりました。個人的に子どもと話したことが、全体の前で話すときに効いてくるのです。

たとえ話術のテクニックはなくても、真面目に一人ずつ、話をちゃんと聞くという、姿勢が大事なのです。教師にとっては他愛のないと思える話でも、子どもにとっては大切な話ということはたくさんあります。

一年生の場合は、本当にどんなことでも話しにきてくれます。「目玉焼きが一個増えた」とか、わけのわからないこと(笑)も言ってきます。そんなことでも、「そうか。ほんまか。良かったな」と受け止めてあげましょう。一年生が**話してきてくれること自体が素敵なこと**ですから。

⑩ 言葉を削る

最後はつかう言葉を吟味するということです。

言葉はなくなりません。いくらでもつかうことができ、いくらでも出てきます。私たちは言葉を無意識につかっているのです。間違ったら言い直せばいいと思っています。

でも、いくらでも言葉は口から出てくるからこそ、怖い。

仮に1時間一二〇〇文字までしかつかえませんと言われたら、どうしますか。次の算数の時間は一二〇〇文字で打ち止め、となったら、話す言葉を考えるでしょう。

私たちは無意識に、いくらでも話せるという感覚があるから、普段言葉を削ろうとはしません。おそらく全然必要のないことを、驚くほど話しています。**もし言葉の数を制限されたら、言葉をもっと吟味するはず**です。実際には制限はないけれども、**言葉を削る**という作業はとても大事だなと思います。それを意識するだけでも話し方が変わってきます。

全校朝礼で校長先生や他の先生方が話すのを聞いていると、言葉をきちんと練って削られている場合とそうでない場合があることに気づきます。言葉を大事にして話している人の内容は心に響いてきます。言葉に対して無意識な人とは違います。

言葉の力を見くびらず、**「つかうべき言葉」「つかうべきではない言葉」を吟味**したいと思います。

/ COLUMN 1 /

「司会」の役割

研修会や研究会に参加すると、いつももどかしく思うのが、「司会」の役割です。

その中でもここで取り上げるのは、対談やディスカッションの場合の司会です。

もし自身がその機会に恵まれたなら、ちょっと次のことを意識されてはどうでしょうか。

司会をするときに気をつけなければならないのが、「流れを止めない」ということだと私は考えます。

会の「流れ」を止めないようにうまくコントロールするのが、司会の大切な役割です。そのために司会はまず、登壇しているスピーカーのキャラクターを把握することが大切です。

面識があればいいですが、初めての場合は、進めながら全力でその人のキャラクターをつかみにいくことが大切です。そして、そのキャラクターに合わせて自分の身の振り方を考えるのです。

まずは「放っておいてもどんどん話が泉のように出てくる人」の場合。

この場合に司会がすることは、「何もしない」です。例えば対談で、二人とも話が上手な場合は、司会の発言量をグッと落としましょう。……というか、この場合「司会」そのものの役割はほぼありません。「二人の邪魔をしないこと」でしょう。

残念なのは、「しゃべらなければいけない」「仕事しなけりゃいけない」と司会が考えて、やたらと話の合間に出てきてしまうことです。お客さんや参加者は司会の話を聞きにきているのではありません。登壇者の話を聞きにきているのです。この場合は、1秒でも多く話してもらうのが司会者のつとめ。余計なことは一切言わないようにしましょう。

逆に、あまり積極的に話をするタイプではない場合。

この場合は、問いかけることをいくつも用意しておいて、話の合間合間に問いかけましょう。そのまま話がノッてきて、話が続くようならスッと自分は身を引きます。止まれば次の質問をする。場合によっては司会が話をする。

「司会」をするにも、その人の「授業観」「仕事観」が出ます。

登壇者が話せるのに、司会が持論を滔々と述べるのは愚の骨頂なのです。

CHAPTER 2

対話の素地を育む「話すこと」「聞くこと」のワーク

CHAPTER 2 / 01

自己紹介の注意点

時間を区切るときの注意

学年最初の四月や長い休みの後、子どもたちに自己紹介をしてもらったり、エピソードを話してもらったりする場面は多いと思います。子どもたちを良い「聞き手」にするために、気をつけなければならないことがあります。

それは、時間を区切ってしまうこと。時間が強調されると、子どもたちは友だちの自己紹介の内容を全く聞かなくなってしまうのです。**「1分で」と言ってしまうと、1分を過ぎたかどうかだけを気にかけ、時計ばかり見てしまいます。**

子どもたちの様子を見ていると、「1分話します。1分過ぎたらあかんで」と言うと、次の日、いざ誰かが話をし始めると、子どもたちは時計を見ています。教師が見本で話し始めると、子どもは教師の顔と時計を見て、話の内容をほとんど聞いていません。

仲間同士で話しているのに「時間だよ、ブー」という空気になってしまったら最悪です。学級づくりとしては良くありません。

些細なことですが、「1分」ではなく、「1分ぐらい」と言うのがいいのです。「先生が時間を計ります。あの時計（教室の掛け時計）ではないですよ」と話しておきます。そうすることで、子どもたちは「時間」ではなく、きちんと「話」に集中できます。

最後に、自己紹介はだらだらとさせるのではなく、「キーワードを一つ入れなさい」「インパクトがない」などと声かけをして、しまりのある発表にさせましょう。

CHAPTER 2 / 02

箇条書きで書き出す

考え、思いを書き出す

では、対話実践編です。セミナーに来られた先生たちと行ったワークを紹介します。お題は「秋だなあと感じること」です。

最初に「秋だなあと感じること」をそれぞれノートに書き出します。必ず箇条書きでです。それぞれに一、二、三……と番号をつけることがポイント。

カウントすることで、子どもたちが、「この前は三個しか書けなかったのに、今日は十個書けた」と、書いた数で自分自身の成長を実感します。

また、複数書くことは、発表のときの心の準備にもなるのです。友だちに同じことを言われても、違うことを選んで話すことができるので、「どうしよう」という不安が少し減ります。

さらに、発表の前に「今から発表してもらいます。どれか一つに丸をしてください」と選ばせておくといいでしょう。しっかり準備ができているので、ドキドキせずに発表を待つことができます。

ちょっとした配慮で発表のハードルを下げると、救われる子どもはかなりいます。

CHAPTER 2 / 03

発表する

では、順番に発表していきましょう。

ここでは、基本的に前に話した人と同じことは話さないというルールにします。自分が発表しようとした内容と同じ内容を前の人が話したら、必ず違うことを言います。もし、すべて言われてしまった場合はパスしてもいいとします。

ここでもし「先生、書いていないことでも言っていいですか?」という子が出てくれば、褒めましょう。アドリブで話せるというのは、とてもレベルが高いことです。「それはすごいことだよ。アドリブはレベルが高いよ」とちゃんと価値付けします。このような子は、後に発表する子どもたちの見本にもなります。

では、実際のやり取りをどうぞ。

ポイント1　「みんなに聞いてごらん」

森　川：「秋だなあと感じること」、では、始めましょう。
先生1：ラグビーの全国大会が始まったところに秋を感じます。
森　川：いよいよ運命の決戦ですよね。ラグビーを挙げたんですね。次の先生どうですか。
先生2：栗、芋、かぼちゃのお菓子がたくさん出てきた。
森　川：一人でいくつも言いましたね。ちょっと恨まれますよ（笑）。全部おいしそうな食べ物ですよね。ありがとうございます。次の先生いかがですか。
先生3：風がひんやりしてきたから秋だなと感じる。
森　川：風がひんやりしてきましたよね。昨日はちょっと蒸し暑い感じもありましたけど、今日はひんやりしてきましたよね。次の先生いかがですか。
先生4：朝がすごく寒くなってきた。
森　川：朝が寒くなってきた。ちょっとみなさんに聞いてもらいましょう。**「朝が寒くなったなって思う人は？」と聞いてみてください。**

先生4：朝が寒くなったなと思う人？（手が挙がる）

実際の教室では、子どもたちからいろいろな意見が一気に出てきます。まずは、今のように、**これは共感を覚える、共感性が高い意見だと教師が思ったら、発表した子どもに「みんなに聞いてごらん」と言ってあげてください。**

自分の言った意見に対して、他の子に意見を求めることは、座談会や話し合いなど対話の場面で大きく役に立ちます。**教師のさばきは、のちに対話を生むための伏線に**なります。

「同じように思った人は手を挙げてください。手が挙がりましたね。『一緒です』『僕もそう思いました』とか何でもいいので、言ってください」と指導します。

このように、**子どもたちからの反応を必ずもらいます。対話はこれが大事**なのです。

自分が話したいことに対して、みんながちゃんと反応してくれる。反応したらそれにまた反応する。そのやり取りの土台は教師がつくらないといけません。

ポイント2　教師が口を挟まない

先の会話に戻りましょう。この四人の先生との会話は実は悪い見本です。わざとやっていました。それは、この場合、先生方の話してくれた内容に対し、私がいちいち話しすぎなのです。これがもし授業で、子どもに対していちいちコメントしていたら、1時間では最後までいきません。

何を目的にしているかが大事で、**とにかくたくさん発言を取り上げたいというときには、口を挟まない**。私が話をしていなかったら、この時間で八人の話を聞けたかもしれません。

多くの子どもに話してもらいたいときは、教師が口を挟まずに続けていきます。

先生5：空が澄んで雲の模様が変わってきたな。
先生6：制服の衣替えです。
先生7：オフコースが聴きたくなる。
（森川、口を挟まず合図で次の先生に振っていく）
森　川：しゃべりたい。

会　場：（笑）

すごく面白い発想が出てきて、周りの子どもたちがワッと反応したとき、発言者が「私のように考えた人いますか？」などと言えたら最高です。

今のように教師が口を挟まずに進めると、発言する子の数が増えます。1時間の間に三十発言するクラスと六十発言するクラスを考えると、一年に何千何万という差が生まれます。結構な数です。

できるだけ発話させたいと考えると、何でもかんでも教師が受け取る必要はありません。

ポイント3　「さん、はい」で耳を鍛える

先生8：紅葉に行こうかなと考えています。
森　川：さん、はい。
会　場：紅葉に行こうかなと考えています。
森　川：おおー、言い方も完璧です。「考えています」まで言えましたね。次、

　　　どうですか。
先生9：スーパーに売られている生サンマを見たとき。
森　川：さん、はい。
会　場：スーパーに売られている生サンマを見たとき。
森　川：ああ、きれいにみなさん聞いていますね。
先生10：冬がちょっと近付いてきたなって思います。
森　川：（手で全体に繰り返しを促す合図）
会　場：冬がちょっと近付いてきたなって思います。

　ここで「さん、はい」とみんなで繰り返すのは、**常に子どもたちに他の子の発言を聞かせるため**です。「さん、はい」と言えば、子どもたちはすごくよく聞くようになります。「みんなちゃんと聞いているね」と褒めながら、子どもたちの耳を鍛えていきましょう。

「さん、はい」は音読でのみ、つかう言葉ではなく、子どもの発言でこそつかって、子どもの耳を変えていく魔法の言葉です。

ポイント4 「さん、はい」で端的に話す

「さん、はい」が来るとわかれば、子どもたちも返しやすい長さで話すようになります。もし堂々と長く話されたら、わざと「さん、はい」をやっちゃってください（笑）。

一年生の長い話の後に「さん、はい」をやったら、最初カオスになります。ブドウの話で始まったのに、いつの間にか山登りの話になっていたり……。それでも、「さん、はい」で繰り返さないといけないとわかると、子どもたちも短く端的にわかりやすく言おうと努力するようになります。**友だちが、自分の発言を繰り返しやすいように、という意識が働く**わけですね。

もちろん長く言わなければいけないときもありますが、基本としてダラダラと話していいことはありません。ある程度繰り返せるくらいの文節で話すということも、今の受け答え一つで実感させることができます。

このワークだけで、「話すこと」に関しての重要な要素がいくつもあるわけです。「先生が繰り返さないようにする」「〈さん、はい〉と言って子どもたちに繰り返させる」……ということですね。

ポイント5　発言を広げる

先生11：コンビニのおでんが気になるとき。
森　川：**「コンビニのおでんが気になる人いますか？」と言ってもらっていいですか。**
先生11：コンビニのおでんが気になる人いますか？

例えば、「○○ちゃん、あなたも気になるよね」とつなげて言ってもいいのです。話をわざとつなげていくことも必要です。対話の場面がすべて偶然性に因っていたら、対話がなかなか生まれてきません。**みんなの答えがかぶるような発言を取り上げ、発言をクラスに広げます**。同じことを考える子どもは必ずいるので、その子どもたち同志の連携を生ませるのです。

このように、活動の中で対話の基礎をまず養っていきます。

ポイント6　「まだ他にもあるの？」と他の子の意見を聞く

先生12：着る服の色が温かみのある色に変わってきました。
森　川：**「温かみのある色に変わるって、僕の言ってることわかりますか？」と聞いてもらっていいですか。**
先生12：温かみのある色に変わるって、僕の言ってることわかりますか？
森　川：わかる人、手を挙げてみてください。温かみのある色ってどういうことですか？
先生13：オレンジ色とか、茶色とか？

多分、子どもたちですから、他にもある。ここで教師の出番です。**「まだ他にもあるの？」と聞く**と、手が挙がると思います。手が挙がった子の中から教師が指名します。黄色とかこんな色と言えば、今度はその子に振ります。例えば、「黄色」と言えば、**「黄色もありますよねって言ってごらん」と最初の発言の子に言わせる**のです。
会話のキャッチボールを教師がうまくアシストし、教師が会話をつくっていきます。

教師が言葉をどう裁くかは、すごく大きなことです。算数科、国語科、社会科、理科、道徳科、英語科と、どの科目であっても教師が返す言葉を意識しましょう。**子どもの発言を復唱するべきなのか、しないほうがいいのか。その判断がすごく重要**です。これらのことを意識するだけで、教師の言葉選びも全く変わります。不用意に子どもの発言を繰り返していた自分に気がつきます。

子どもの発言への復唱を繰り返していると、子どもたちにあまり良い影響は与えません。それは、**子どもたちは教師の言葉だけを聞くようになってしまう**からです。

対話とは真逆の方向へいってしまいます。それだけは絶対になくしたいと思います。

/ COLUMN 2 /

「教師っぽい」を疑う

私たち教師はずいぶんと「教師っぽい発言」「学校っぽいこと」に引っ張られています。「教師っぽい」という概念は、私たちが小さい頃から受けてきた学校教育での記憶や世間での教師というものの印象が大きく影響しているのでしょう。

先に取り上げた「教師が復唱しない」ということも、セミナーや研修会で話すと結構な数の先生方が「やっていました」とおっしゃいます（私もやっていました）。

子どもの発言に対し、同じことを優しく繰り返している姿は教師っぽいですよね。しかし、それを意味もなくやると、子どもは思考しない、ということです。

「朝の会」や「終わりの会」についても同じです。

私自身が朝の会、終わりの会を受けて過ごしてきたので、それをやるのが当たり前になっています。それが悪いということではありません。「考えて行っているか」が大切だという話です。

例えば、自分が小学生の頃、「終わりの会」で、「今日あった嫌な出来事を、それをしてきた友だちに話し、明日からやめてもらいましょう」という場面を経験していたとします。それをそのまま自分が教師になって繰り返すのはどうでしょうか。

当時の担任の先生は、何か意図があってしていたのかもしれません。しかし、時を経て考えなしに自分がやれば、かなり危険です。

一日の締めくくりの大事な時間に、嫌なことを思い出させ、関係性も危うくなるかもしれない時間をつくり出すことになるかもしれないのです。何より、帰りの時間は「明るくサッパリと」終わりたいもの。

私たちは「教師っぽいもの」を疑ってみることも必要なのかもしれません。

そもそも、「運動会をする」という一大イベントと思われていること一つとっても、現在、目の前の子どもたちに必要かどうか、という視点が抜けていては、「学校っぽいこと」をしているのと変わらないかもしれませんよね。

CHAPTER

3

「攻めの聞き手」にするための聞き耳指導

CHAPTER 3/01

「聞く」雰囲気をつくる

「周りを見回して」

対話において話に反応することはすごく大事なことです。頷く、首をかしげる、うーんと言う、ときには拍手をする。こうした反応ができる集団を教師がつくらないといけません。子どもたちがざわついているとき、「静かにしなさい」と注意する代わりに、有効な手立てが一つあります。

「○○君、周りを見回して」という言い方です。これは「静かにしなさい」とほぼ同じ意味で、非常に効果があります。まずは、教室がうるさかったら、話し手には話をさせません。この場合「静かにしなさい」と何が違うかというと、教師が黙らせていないところにポイントがあります。

例えば、A君が話そうとしたときに教室がざわついていたら、たいていの場合、「みんな静かにして。A君の話を聞きなさい」と言うはずです。

しかし、それでは子ども同士をつなげられません。**ざわついている子どもたちを教師が注意するのではなく、話をしようとするA君に「A君ちょっと待って。周りを見回して」と言う**のです。

A君に「しゃべりますよ」「ちょっと聞いてください」とクラス全体に言わせて、それでクラスを静かにさせます。この仕組みをクラスでつくると、「みんなちょっと聞いてください」と言える、子ども同士がつながることのできるクラスになります。

実際に私のクラスでは、教師が何も言わなくても「静かにしてください。しゃべりますよ」と言える子がたくさんいます。そのまま話そうとする子もいますが、私が周りを直接静止することはしません。「B君、ちょっと周りを見てごらん」と促します。そうすると、そのB君がざわついている子の名前を直接呼んで注意することもあります。

社会で役立つスキルに

なぜ教師が制止しないかというと、**子どもが他の子どもに意識を向けている、とい**

う体裁をとらないといけないいからです。教師が制止したのでは、子ども同士の対話を奪ってしまいます。教師が静かにさせて、「はい。静かになったよ。A君」としてしまったら、対話は始まりません。**子どもたちの対話は、教師からある程度独立したところで行われる行動であるべき**なのです。

最初は教師が細かく指導することが必要ですが、最終的には子どもたち同士で「ちょっと静かにして」「今しゃべってるんだけど」と言えるようになってほしい。それが社会に出たときに役立つ対話のスキルになります。**耳目を自分に集める工夫を子ども自身ができるようにする**ことです。

CHAPTER 3 / 02

発言者への意識「誰が言ったっけ？」

小さなつまずきを経験させる

聞く環境をつくる上で大切なのは、**発言者への意識を高めること**です。そのために有効なのが、「え〜っと、誰が言ったっけ？」というフレーズです。

せっかく良い発表があったときに子どもたちが話を聞いていないと、つい「○○君の意見、今聞いてた？」と言ってしまいますよね。さらりと話が流されていきそうなときには、「〜の意見って、誰が言ってたっけ？」という言い方をしてください。

「田中君です」

「そうか、田中君か。ごめん。ちょっと先生聞き逃したから、もう一回言って」

これだけで全然違います。要するに**子どもたちに誰が言ったか考えることを、一旦委ねているわけ**です。

「田中君が言ってたの、聞いてた？」と言うのは確かに楽です。それでは、子どもたちはつまずきません。子どもたちに小さなつまずきを経験させることが大事なのです。

聞いていなかった、スルーしてしまった、自分は名前を言えなかったと、子どもは小さなつまずきを経験することで、次はちゃんと聞こうと思うのです。**子どもにつまずきを与えて、もう一段超えさせる**ことが成長につながります。

発言者への意識を高める手立てを、あの手この手と授業の中でバンバン打っていくということが必要です。印象的な意見を教師が再現し、誰の発言かを言わせる。これによって他者意識が生まれるため、「○○君の意見によって私が今日変わった」と子どもに振り返りを書かせることができます。

対話と話し合い、振り返りはセットです。振り返りを書かせたとき、「友だちのこの子の意見」と具体的に挙げられる子に育てたい。そのために、日常的に誰の意見だったかを言わせたり、「よく聞いているね、誰の意見か言えるんだね」と教師が反応したりすることで、聞くことへの意識付けをしていきます。

CHAPTER 3 03

発言内容への意識「今の意見はどこに書く？」

思考させる板書

発言内容への意識を高めるには、板書を使います。「今の意見はどこに書けばいいと思う？」と、子どもたちに考えさせます。板書計画の中に〝子どもに委ねる〟という部分があってもいいのです。黒板という枠の中で、子どもたちの意見を聞きながら、子どもが考えている言葉を大事に、子どもの思考が尊ばれる板書をつくっていきます。

我々教師は、子どもがわかりやすい板書を目指します。それは悪いことではありませんが、「思考させる板書」があってもいい。**整理させる板書なのか、思考させる板書なのかによって、意味合いが全然違います**。整理させる板書というのは、どこに何が書いてあり、現在わかっていることはこれ、と見せるためのものです。**思考させる板書は、教師がどこに書いたらいいか困ったらいいのです**。子どもたちの意見を書い

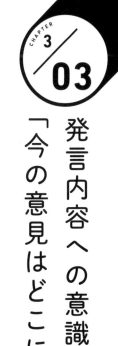

ていき、意見が変わってきた瞬間を見逃さず、「これはどこに書いたらいい？」と問いかけます。教師が整理しながらシステマティックに書いていくと、子どもは思考しません。教師が一言「どこに書いたらいい？」と言うだけで、子どもたちの雰囲気が変わります。考え始めるのです。これが日常を変えるということです。**思考をアクティブにするためには、日常的に教師がちょっと子どもたちを待てばいい**のです。

この例では、「今の意見はどこに書いたらいい？」「もっと左？　なぜ？」と問いかけることで、子どもたちに「何々の意見だから」とカテゴライズしていく思考を育てていきます。教師が黒板の前で一旦困ってみせるだけで、子どもの思考がダイナミックに動き始めます。子どもたちが思考するために、きれいに板書しない場面があっていいのです。いつも同じペースで板書しないということも意識しましょう。

繰り返しになりますが、発言内容への意識を高める手立てとして、印象的な意見を教師が板書せずに子どもたちに委ねるということ。板書でワンクッションを置くことです。子どもたちの話を繰り返してしまうこと、板書のワンクッションを置かないことを一年続けていったら、子どもたちは自分たちでほとんど考えなくなります。考えなくてすむからです。算数科でも国語科でもどんな教科でも一緒です。でも、ワンクッション待つだけで全然違ってきます。そこを意識してみましょう。

CHAPTER 3 / 04

「比較する耳」を育てる

促し、気づかせる

対話を充実させるためには、いろいろな意見を聞いて自分なりに比較する思考が大切です。そのために「比較する耳」を育てたい。大事なことは、**「今、新しい表現が出たけど、聞いてた?」と気づかせる**ことです。教師は促すことが仕事です。促すことで方向付けをし、教師は話さない。それが大事なのです。

子どもたち自身に意見を方向付けさせるためには、自分の意見と同じか違うかということを聞いて、明確にさせます。交通整理をするのは、教師の仕事です。

六年生くらいで子どもたちにすべて任せる場合を除き、教師が要所要所で「自分の意見と同じ人？　違う人？」と聞くことで、どこを意識して聞けばいいかを教えます。

特に低学年の場合は、話したいという気持ちがあまりにも強すぎて、人の話を聞いていない場合があります。「言いたい、言いたい」が溢れているクラスの場合、バンバン手が挙がります。一見、活気のある良いクラスですね。でも、油断はできません。結局、子どもが「ハイハイ」と手を挙げているときは、話を聞いていない場合があるのです。実は手を挙げていないときにこそ、思考は働いています。手を挙げているときは、手を挙げることにすべての力を使っている場合が多いからです。

低学年の場合は、とにかく当ててほしい。だから「ハイハイハイハイ」と言わせていたら、キケンです。まず、この「ハイ」を言わせないこと。**静かに手を挙げることを促し**ます。他人の意見を聞かないと対話は成り立たないので、「ハイ」と声を出すことに意識が集中しないよう、黙って手を挙げさせます。

「ちょっと一回手を下ろしてごらん。今、○○君が言ってくれた意見が自分の意見と同じ人、手を挙げます」

と教師が一度クールダウンさせるのです。自分の意見と同じか違うか、今まで出ていた意見と違うのか、そういったことを自ら比較しながら聞ける子を育てるのです。

とはいっても、このようなレベルを超越してきちんと聞いている中で「言いたい」が溢れたときに「ハイハイ」となるのは、それはそれで子どもらしくてかわいらしいとも思うのですけれども(笑)。

CHAPTER 3 / 05

「テーマに合ってる？　ずれてる？」

子どもを介して仕掛ける

高学年になって話し合いがうまくなってくるにつれて、話し合いのテーマとだんだんずれていく場合があります。「今の話、テーマに合ってる？　ずれてる？」と、最初は教師が整理しますが、話し合いを整理できる子どもたちを育てたいものです。

この力を育てるために、私がとっている方法はやはり、子どもを介して伝えるということです。

「テーマからずれてるぞ」と教師が言ってもいいのですが、それでは"対話感"は薄れます。**そこで、教室の端のほうに座っている子のそばへ行き、「おい、話がずれてるって言いなさい！」とささやく**のです。その子は俄然、特別な任務を帯びた子になります（笑）。教師から送り込まれた刺客のような気持ちになっています。教師からお墨付きをもらっているので、話し合いの途中に堂々と入っていけるのです。

「あのー、すみません。だんだん話がずれていると思うんですけど」（堂々と！）

みんな「えっ？」となります。私がその子に言わせているわけですが、みんなの前では、「素晴らしいね」と、その子どもを褒めるのです。

「素晴らしい。田中君の話、聞いたか？　今のタイミングで話がずれていると言うのは、なかなか難しいんだぞ」

田中君は満面笑顔です。

その後、田中君がどうなるかというと、ずっと話し合いの度に「話がずれている」と言うことになります（笑）。これは自分の役割で、〝話がずれていかないか？〟という気持ちでずっといます。そして、ついに話がずれたとき、田中君のアンテナがパーンと反応して、〝きたきたっ〟となり、「話がずれていますね」と張り切って言います。その子はそれだけで終わってしまうという（笑）。

「おい、それだけじゃないぞ。それは感じたときにやればいいんだ。君は話がずれているのを専門に言う役じゃないぞ（笑）」と笑いながら言いますが、その子の存在は、周りに徐々に伝染していきます。

ついにはライバルが現れます。「ちょっと話ずれてへん？」と耐えかねた別の女子が言うわけですね。さあ、最初に使命を帯びた〝田中君〟の運命は……（笑）。

教師がテコ入れしながら楽しくやっていくのです。

「話がそれてきたって言いなさい」と教師が誰かにささやいたとたん、周りの子が先に「話がそれてるんですけど」って言ってしまう場合だってあります。教師にささやかれた子は「おい！」となる。

二学期、三学期ともなってくるとクラスの人間関係ができてくるので、そんなことも楽しくできます。**常に子どもを介して仕掛けていくことが大事**なのです。

CHAPTER 3 / 06

「○○君と同じ人？　違う人？」

「比較」の話の続きです。比較することで耳は育ちます。「○○君と同じ人？　違う人？」と意見を比較して聞いていくことができる集団にしましょう。

友だちの意見にも当事者意識を持たせる

発言した後の子どもたちは、自分の意見を言ったら終わり、となる場合があります。それでは対話は生まれません。友だちの意見もしっかり聞かせたい。そこで具体的な教師の声かけとしては、「田中君と同じ人？　違う人？」と聞くのです。

それぞれ手を挙げさせるとより意識が立ちます。そんな中、「どちらでもない」という意見を持つ子からはモヤモヤオーラ（迷っている感じ）が出ます。そこで、その子たちに話を振る。

こういった流れが、常に「当事者意識」を持つ態度を生みます。自分が話すときだけではなく、友だちが話すことにも当事者意識を持たせる。そのための「聞き耳指導」なわけです。

授業を録画しよう

子どもたちに比較させるためには、教師自身も子どもの発言の変化に敏感でなければなりません。教師もちゃんと比較して聞くということです。日頃から意識して聞く必要がありますが、急激にできるようになる修行方法を紹介します。それは、授業をビデオカメラで撮るということです。

授業をビデオカメラで撮り、文字に起こすところまでいくと最高です。録画した映像を観るだけでも、自分の足りないところが見えてきます。放課後、自分の授業を見ることほどつらい行為はありません（笑）。

自分の授業を見て何が起こるかというと、まずは自分自身にツッコミが大量に入ります。日が暮れた教室で、ぶつぶつひとりごとが聞こえてきます。

「これ、何で、ここでこの子に当てへんかな？」「何でここ押さえないかな？」と、至らない部分がすごくよくわかります。活動せずに手遊びをしている子も映っているし、自分が興奮していて全然周りが見えていないし、今ここは活動を止めるときだろうとか、板書しているときに完全に隙だらけとか、そういうことが見えてきます。

つらくても自分の授業をビデオで撮ることは、私は必要だと思っています。文字に起こすまでしなくても、最初の10分だけ見たり、早送りしながらパパッと見たりしてでもいいのです。

一人ではつらいですが、仲間と二人、三人でやれば、より充実します。私は仲間と一緒に「自分の授業をちょっとずつ見よう」と取り組んでいます。もちろん、授業の酷さが露呈されるわけです。それでも、自分の授業を客観的に見ることをやるかやらないかで、その後の授業の質が全く違ってきます。

子どもの発言を繰り返しまくっていたり、動物園のシロクマのように同じ場所をずっと歩いている様子が映っていたり、やたらに時計を触る自分に気づいたり、そういった自分のクセもよくわかります。

自己内対話からスキルアップ

そういう勉強会を、校内で一緒にできる仲間がいれば最高です。若い先生にちょっと犠牲になってもらったり（笑）、ベテランの先生にもアハハと笑いながら冷や汗をかいてもらったり……。年齢や経験に限らず、すべて教師はつまずきながら、反省しながら授業のレベルを上げようともがいているのです。だから、他の人の授業を見るのは勉強になるのです。

たまにうまくいった授業があったら、そのシーンを何回も見て、子どもの話がつながっているなとか、よく我慢したなとか、過去の自分だったら繰り返しているなとか。自己内対話を常に繰り返して、教師も地道に勉強していきましょう。

CHAPTER 3 / 07

「攻めの聞き手」にするには子どもの発言に敏感になる

メモを習慣付ける

次に、教師自身の授業中の聞き方についてです。

一つ目は、日常からメモをして子どもたちのつぶやきを拾える体に自分を変えていくということ。メモをすると、一度出た発言をもう一度なぞることになります。教師がメモをしたり、ビデオで確認したりすると、発言を二回なぞることになるので、確実に子どもの意見を拾いやすい耳になります。

そしてもう一つ、習慣にしたいのが、**子どもの良いことをメモする**こと。悪いことをメモするのは、気持ちがしんどくなって続きません。低学年では、やたらに面白い言葉や素敵な言葉を連発するので、これをほったらかしにしたらもったいないです。私は、胸ポケットに常に入れているメモ帳にひたすら貯めています。

このメモの習慣を続けていると、子どもの言葉が勝手に入ってくる体質に確実に変わります。メモ帳を二百冊、三百冊と貯めている私が言うのですから、間違いありません。

子どもの素敵な言葉やエピソードを書いていくことは、教師としての体をつくり変えていくサプリメントのようなものです。教師に必要なサプリメントがあるとすれば、私は「メモ」だと思っています。何回も反芻したメモは絶対に体に蓄積して、絶対に裏切りません。これも地道に続けていきたい習慣の一つです。

CHAPTER 3 / 08

出してほしい意見を教師が明確にしておく

子どものつぶやきの予想と検証を

授業に関して言えば、**子どもにこんな意見を出してほしいと、明確に自分の中にある状態で授業するほうがいい**です。研究授業の指導案には、今日の授業のねらいの中に子どもたちからこんな意見が出てきてほしいと、子どものつぶやきを予想して書きますよね。これと同じように予想と検証を繰り返していきます。

時として、こんな意見を言ってくれたらいいのにと予測した以上の、自分を超えてくる意見が出て、またギャフンと言わされるみたいなことを繰り返していくことが大事なのです。それには何もない状態より、今日はこんな言葉が出たらいいなと予測しているほうがいいのです。子どものつぶやきにもすぐ反応できる。アドリブ力も上がっていきます。

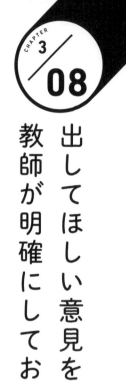

研究授業をフル活用する

研究授業を見るときもそうです。

教師の発問に対しての子どもたちの意見を想像しながら見ていると、教師として自分だったらこう言う、こう返すといった意識が働いてきます。当事者意識が生まれて授業を見ることができます。教師が発問した後に、子どもからどんな意見が出るといいかなと、瞬時に考えるのです。授業を見ながら予測するのです。

私はこれをよくやっていて、「こんな意見が出るな」「これでは意見が出ないな」と予想します。当たれば面白い。何となく見ていたら何も学べませんが、このように研究授業はいろいろな見方があれば面白いのです。

教師の話し方に注目してもいいし、発問に対して子どもがどう答えるかに注目してもいい。せっかくの研究授業ですから、いろいろな視点で見ると勉強になります。教師の動きにだけ注目しても面白いです。

そうした意識が高いほど、授業は確実にうまくなります。ただし、研究授業を見るときは絶対腕組みしないでください。腕組みをして、しかもしかめっ面をして授業を見ていたら、子どもたちが萎縮してしまいます。

私たちのアクションの基準は子どもが幸せになるかどうかなのです。すべてそこが帰着点です。見ている教師たちがしかめっ面をしていたら、子どもたちは圧を感じますよね。恐怖ですよね。

もう一つ、研究授業のときに、何かあったら揚げ足を取ろうという態度の人がいますが、それはやめたほうがいいですね。

私自身、昔、研究授業の後に言われたことがあります。「あくびしてる子どもがいましたけど」と。「そこわざわざ言う必要ある?」ってことですよね。

CHAPTER 4

明日からできる「対話」&「発表場面」の日常改革

CHAPTER 4 / 01

ペア対話

NNP（なんとなくペア対話）をやめる

ペア対話は多くの先生方が取り入れていると思います。

ところがNNPが多い。NNPとは私がつくった造語で、「なんとなくペア対話」という意味。これは絶対にやめましょう。私たち教師には授業でピンチに陥ったとき、ペア対話に逃げることがあります。

ペア対話は空白回避の武器としてつかえるので、確かに便利です。

授業中にまずい雰囲気だなと感じたときに、「ちょっと隣の人と話してみて」と指示してしまう。これがNNPです。目的もなく、「ペア対話」に逃げ込んでしまうのです。なんとなくのペア対話ではなく、目的を明確にすることが大事です。

まず、話し合いが進まない、考えに行き詰まっているなというときです。**ペア対話**

で子どもたちの意見をつくらせるという手法があります。問題が難しい場合も、ペアで話し合わせることで、答えが見えてきます。

次に、子どもたちの中にいっぱい話したい雰囲気が満ちているときです。**ペア対話で話をさせることで全員の発言欲が満たされます**。特に低学年では言いたい気持ちが溢れ出します。「じゃあ隣の人と話してごらん」と、隣の子と話をさせると気持ちが落ち着きます。

本来、ペア対話は二人や三人で話をさせることで意見を出させる、つくらせるというのが目的です。間《ま》を埋めるようなつかい方でむやみにペア対話を乱発しても意味がないのです。

例えば、先ほど（44～55ページ）の「秋だなあと感じること」のワークでは、ペア対話はいりません。でも、もしこう聞いたらどうでしょうか。「今が旬の食べ物を五つ言いなさい」。結構、負荷がかかる問いです。一人で考えさせたら、時間がかかります。「お隣とちょっと考えていいよ」とペア対話をさせると、五つくらいの答えはすぐに出ます。ペア対話の意味があるわけです。

手をつないで「ペア発表」

私のクラスでは、ペア対話の後の発表はペアで手をつないで手を挙げさせる「ペア発表」をすることがあります。そうすると少しハードルが下がるのです。このときは、「何々さんと何々さんのペア」と二人の名前を呼んで指名します。もし、ペアの一人が答えを言えなくても、ペアの子どもが答えることで、「発表している自分」を実感できます。

三人の場合は子どもたちは勝手に手をつないで挙げています（笑）。みんなが当ててほしいと思っているときは、だんだん子どもたちも考えるようになり、後ろの子が全員手をつないで挙げたりして大変なことになっています（笑）。

ペアで発表させるときは、例えば、右の子が話したら、左の子に「○○ちゃん、付け足しある？」と聞くようにさせるといいでしょう。付け足しがあれば話してもらい、なければ終わりでいいのです。いつも「話せ話せ」ではしんどいですから。その子はちゃんと参加しているわけなので、それでもいいのです。

このペア発表の方法は子どもたちに好評で、喜んで手を挙げます。二人でも三人でも誰かしらが話せます。「言いたい言いたい」のペア同士なら、二人とも話します。

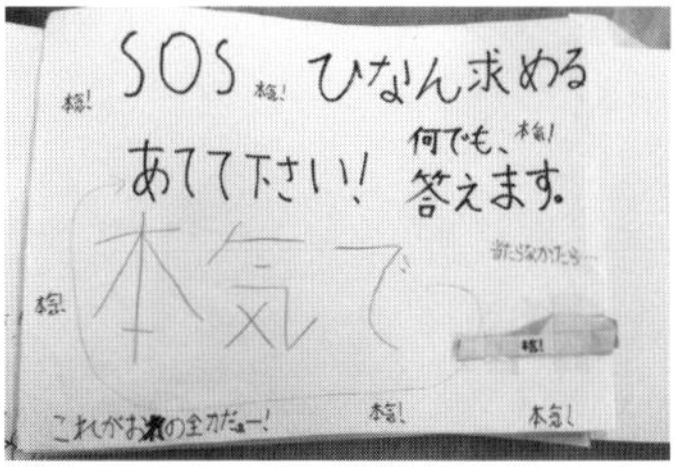

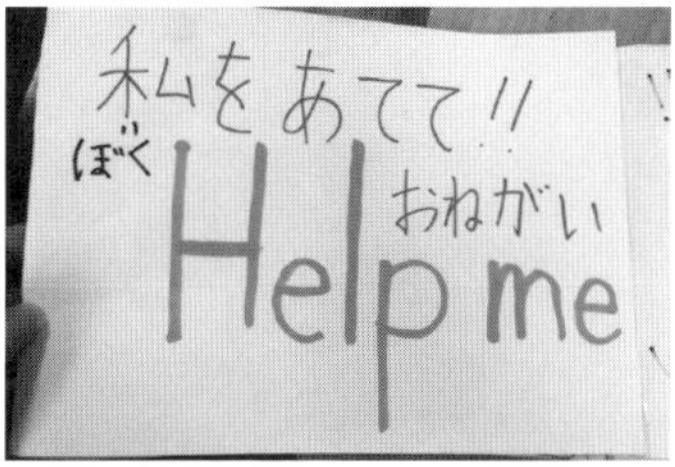

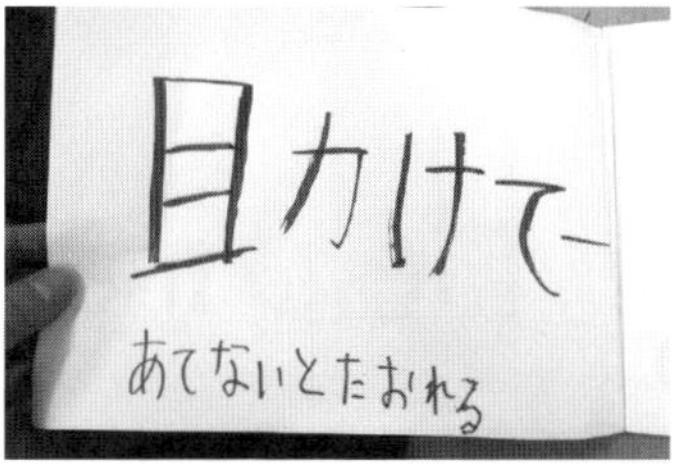

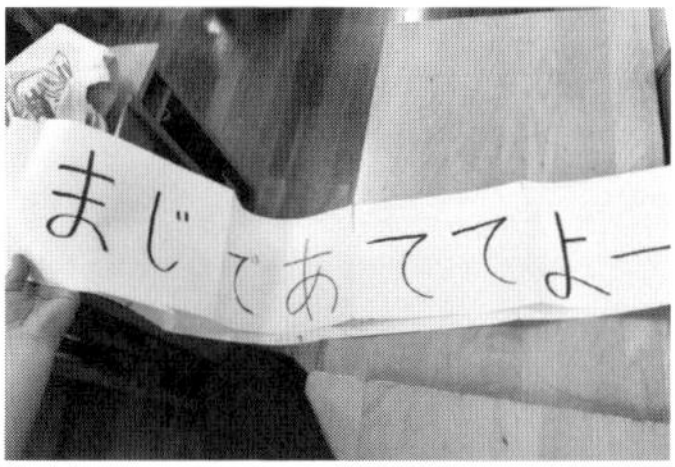

話すのが苦手な子は、ペアの子に「お願いします」と言ってもいいのです。また、その状態がずっと続いているようなら、「ちょっと待って。今度は（言ってなかった）○○君が言ってごらん」と、隣の子に振ってあげます。ぜひ、いろいろな形態を試してみてください。

ちなみに、本ページの写真は、子どもたちがあててほしくて作った〝アピール横断幕〟！　これ全部、実はつながっているのです。

CHAPTER 4 / 02

グループ対話

「今、どんな話になった？」

四人、五人、六人の**グループ対話では、後で必ず話をさせる前提**で進めさせます。ペア対話と違って、人数が増えた途端、お客さん状態の子どもが出てくることが危惧されます。対話に参加しない子どもが出てきてしまうので、後で発表することを前提にしたほうがいいでしょう。

対話の最中に、唐突に「今、どんな話になった？」というツッコミを入れるのも効果的です。「えっ？」と、意見が言えない子が続出します。ここで一旦つまずかせることが大事で、聞いていなかった子どもたちもハッとします。一旦つまずいてリカバリーさせるほうが話し合いに身が入るので、まずは普通に話をさせましょう。

グループで話しているのを見ていると、「やっぱりお客さんがいるな。上の空の子もいるな」ということがよくわかります。「どんな話になりましたか？　三班、〇〇君」と言うと、〇〇君はその内容を話せません。それでもいいのです。一回つまずいて話せないと、次には話せるようになろうと努力します。

「今は話せない班が多いので、次は話せるように話し合いをしたいよね。もう一回やってごらん」

すぐに話し合いに戻らせ、もう一回話の内容を聞くことを繰り返すと、子どもたちは再現できるようになっていきます。

再現させるときには、ある程度話せる子をモデルとして登場させるといいでしょう。例えば、「私の班は大きく二つの意見が出ました」と整理しながら話をさせたい。こうした話し方を教師が教えていきます。

普通に話をさせると、「〇〇君の意見はこうで……」と、多分メモを見ながら話し始めます。子どもたちの意見がわかったところで、聞いてみます。

「では、今の意見は何種類になるの？」

大体同じような意見だった場合は、一種類です。その際は、「みんな同じような意見でした」ということを言わせたいわけです。

逆に反対意見が出た場合です。

「でも、田中君と山本君だけは違う意見を言いました」

「この意見がたくさん出ましたが、少し反対意見も出ました」

というように、話をさせます。

まずはこのやり取りを最初のグループで行います。最初のグループは時間がかかりますが、教師とのやり取りを他のグループも目の前で見ているので、言い方がわかります。次のグループでは、このやり取りを受けて、

「私の班では三種類の意見が出ました。それは○○と○○、○○です」

と、まとめることができるようになっていきます。

異なる意見を比べて聞かせる

要するに、話し合いの際、**他の人の意見と自分の意見を比べて聞くということが大事**なのです。

「今、田中君はうまく話してくれましたが、同じ三班の山本君も話せますか?」

「言えます」

これで三班は合格ですが、もしかしたら三班の他の子は、当てられなくて安心して

いるかもしれません。そこは見逃しません。

「田中君、山本君はいいですね。次、斉藤君は言えますか?」

ここで恥をかかせる必要はありません。「言えますか?」と聞くだけでいいのです。「言えます」「本当ですね。わかりました」で終わります。「聞かないのかい!」とみんなずっこけるかもしれませんが〝意識〟は残ります。

四人グループでは二人残っているので、ユーモアとともに、

「本当に大丈夫かな? 大体わかるねん、先生。言える顔してないな」と残りの二人に言うと、「言えますよ」と怒る子もいます。そういう場合は「ごめんごめん」と言って当てればいいのです。本当に〝やべえ〟って顔をしていたら、「今日は聞かないけどね」と、広い心とユーモアで子どもたちに接していけばいいと思います。

でも、やることはピリッと辛いほうが効果的なので、次の話し合いシーンでは時間はかかっても「意味のある話し合いをしなさいよ」「意味のある話し合いになっていますか?」と言い続けるのです。

CHAPTER 4 / 03

再現レベルと創造レベル

発表を二つのレベルに分ける

ペア対話とグループ対話は複数間での対話ですが、発表は個人です。個人が発表する場面が授業の中では一番多く、「発表させたい」というのは教師の永遠の願いです。発表が少ないとどよーんとした気持ちになるのは〝教師あるある〟だと思います。

この「発表」を活発化するために、子どもたちには発表は二種類あるということを伝えましょう。**再現レベルの発表と創造レベルの発表**です。

具体的に言うと、再現レベルの発表の代表は「音読」です。音読は文字情報を音声言語に変えて再現することです。音読の練習をした後に、「誰か読んでください」と言って手が挙がらなかったら、「やる気がないからでは？」と言ってみてください。再現レベルに関してはそこまで詰めてもいいのです。

まずは再現レベルと創造レベルの発表を分けることを意識させ、再現レベルだったら手を挙げるように子どもたちを促すということです。例えば、「今誰が言いましたか？」「田中君です」というのも再現レベルです。「今、先生はどこの話をしていますか。指を置いてごらん。そこを読めますか？」と手を挙げさせるのも再現レベルです。他にも、辞書引きの後に意味を読み上げる。これも再現レベルです。

再現レベルはハードルが低いので、二学期の終了時を目安に再現レベルの発問で八割から九割の子どもの手が挙がるように持っていきたいですね。

きちんと〝詰める〟

再現レベルで挙手がほぼ一〇〇%になったら、そこで厳しいことを言ってください。

「〇〇さんは手を挙げてないけど、いいの？」

「今、ここを読んでください。読める漢字は全部です。読む練習もしました。それで手を挙げないというのは話を聞いていないからか、やる気がないからだよね」

かなり厳しい言い方ですが、人間関係ができているからこそ言える言葉です。いろいろな課題を抱え、援助を必要とする子どももいますから、それも考えた上でやる必要があるのですが、関係を積み重ねてきたクラスでは言えます。

「再現レベルで手が挙がっていない人が五人。いいんですか、それで」

このように言えるのが再現レベルでの挙手です。**何もかも一緒にして「発表しなさい」ばかりを言ってしまうと、子どもは発表を怖がるようになります。**そうではなく、**「やる気で解決できるレベルだよ」と知らせる**のです。この言葉は子どもたちにすごく刺さりますから、ぜひやってみてください。

「再現レベルは手を挙げなきゃいけない」と、子どもたちに浸透していきます。

CHAPTER 4 / 04

創造・想像レベルの発表

創造・想像レベルのテコ入れ法

次に創造・想像レベルです。これは「どう思いますか?」と考えさせ、意見を創造・想像させていく発表です。「ここで主人公の太一は、何を考えているでしょうか?」といったことを創造・想像していくレベルです。すぐに手を挙げるのは難しいので、**「この質問は創造・想像レベルだから、今は言えなくてもいいよ」と言ってあげましょう。**

「今、言えなくてもいいけど、ここで出てくる人いる? おおー、いるね」

例えば、「以前、初めて質問した段階で手を挙げる子が八名いました。それをさらに一〇名、一五名に増やせたらいいな」と、認め、促し、徐々に人数を上げていくのです。

創造・想像レベルで手が挙がるようになるためのテコ入れの方法を紹介します。

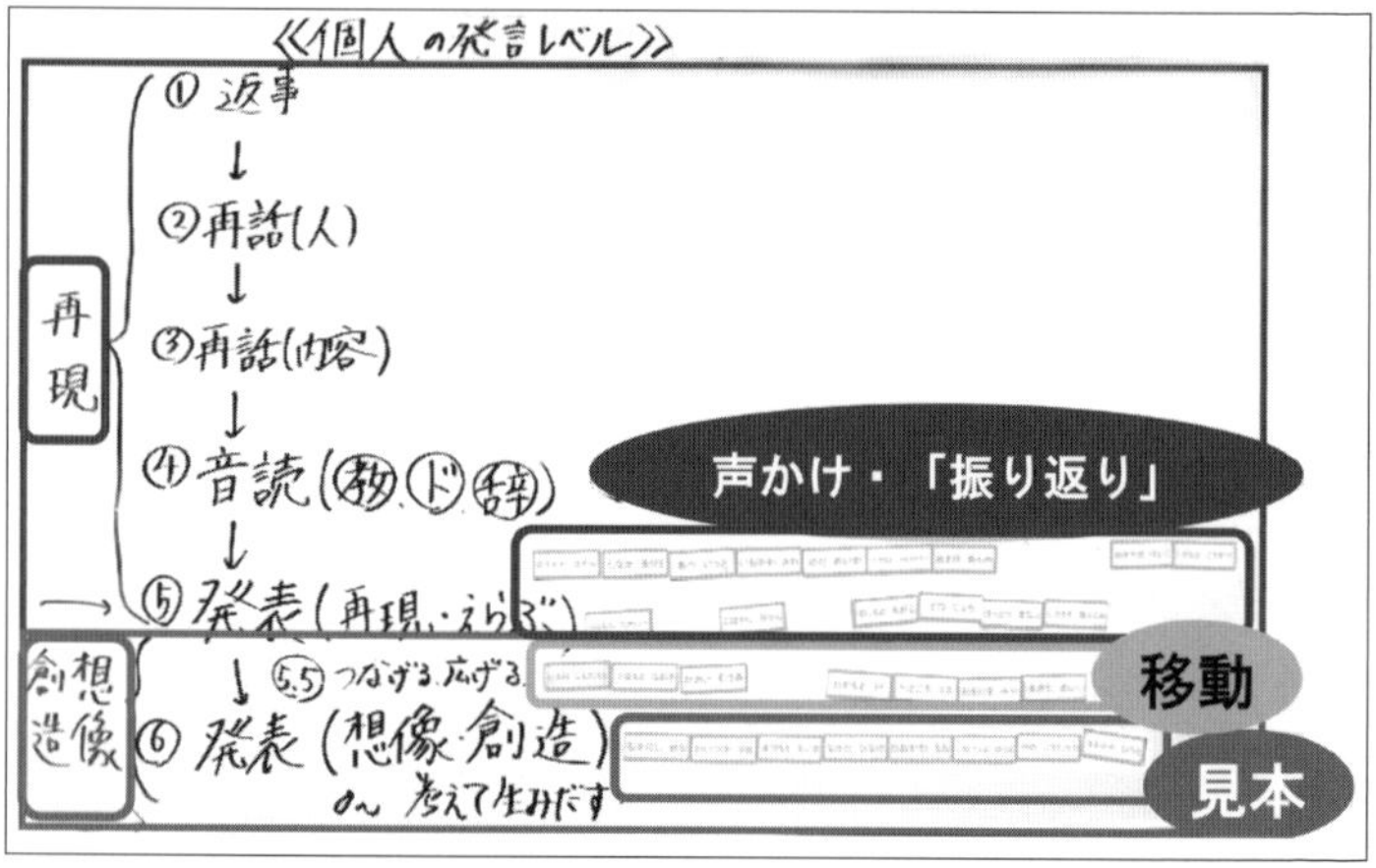

「個人の発言レベル」の表（９月５日）

上図は、実際に私のクラスで九月の最初に使用した「個人の発言レベル」の表です。

①返事、②再話（人）。再話というのは誰が言ったかというだけの再話です。③再話（内容）。発言の内容を復唱できる。これは繰り返せばいいだけの活動です。④が「音読」。教科書、ドリル、辞書などの音読です。

これらを黒板に書き、後で自分の発表がどのレベルなのかをネーム磁石で貼ってもらいます。これで自分はどのカテゴリーに属しているかがわかります。**子どもたちに自分の発表がどのレベルであるかをわからせる**のです。見ればわかるので、子どもたちにも実感できます。

⑤が発表です。再現レベルの発表です。

黒板で青と赤にグループ分けし、青の部分が再現レベル、赤の部分が創造・想像レベル、というふうに提示します(図の左端部分)。

再現レベルと創造・想像レベルの発表については一学期から、その都度話しておきます。そして二学期になって改めて立ち位置を明確にします。

「⑤番までは再現レベルです。⑥番の発表は同じ発表でも創造・想像レベルです。考えて生み出すレベル。ゼロから生み出すレベルの発表はこの⑥番です。ではあなたたちはどこにいますか? 先生が発表してごらんと言うときに手を挙げるのはどこですか?」

音読レベルと再現レベルの発表の間ぐらいの子が一〇人。

音読レベルの発表のときは、全員手を挙げます。音読レベルの発表のときは絶対手を挙げる、再現レベルの発表もいけるという子が六人です。それが⑤番。

⑤と⑥の間の「5.5」というレベルが子どもたちから出てきます。発表は発表でも、「誰か友だちにつなげて言ったり、広げて言ったり、それを参考にしてしゃべるというのはどこですか?」という話が出たので、「5.5だよね、真ん中だね」となり、そこに磁石を置いた子どもが八人いるわけです。

最後に、もう何でもこい。何でもいけるという子どもが八人。これが⑥です。この八人は先頭集団として鍛え上げる八人です。話し合いでも発表でもこの子たちが飛び込んでくれるから、みんなが続けていくことができます。すごく重要な見本となるポジションの子どもたちです。

目標を明確にさせて鍛える

個人の発表レベルでここまでこられたらいいと教師が示すと、子どもたちに明確な目標ができます。

一学期から再現レベルと創造・想像レベルの話をし、さらに二学期の最初に創造・想像レベルについてもう一度話をして、授業をしていきます。

自分のレベルを知らせる方法は、低学年でも言葉を変えれば提示できます。「いつでも発表できますか?」といった言葉に換えてやってもいいでしょう。

真ん中の「5.5」にいる子どもたちは早いうちにできるだけ⑥に移動させたい予備軍です。まず、この子どもたちを鍛えていくことに力を入れます。声かけを頻繁にし、振り返りもよく見て気をつけてみてあげます。

「明日はもっと発表したいです」

「今日は発表しようと思ったけど、できませんでした」

「〇〇君みたいに、私もこれからどんどん発表できるようになりたいです」

振り返りでこのように書くのは、⑤にいる子どもたちです。

「5.5」や⑥にいる子どもたちは、発表はできているので、内容面を多く書きます。

態度面を書くことが多いのが⑤までの子どもたちです。この話、次項に続きます。

CHAPTER 4
05

言葉がけ・振り返り

意欲に対して責任をとる

教師が気をつけなくてはいけないのは、振り返りに「私はもっと発表できるようになりたい」と書いた子どもたちをスルーしないということです。

一日の始めに、「〇〇ちゃんは次に発表したいと書いているね。立派なことだよね。今日それが実現できるといいね。とっても素敵な志だよね」と話すことで、「頑張れ！　発表しろよ！　見てるぞ！」と励ますことになります。

四年生にもなると、小学校生活が四年目ということですね。ある程度、小学生のベテランです。教師が何を書けば喜ぶかを知っています。でも、そのレベルでは駄目なのです。やはり、**発表したいと書かれていたら、それに対して教師が最後まで責任を取ることが大事**なのです。教師はそこにこだわっていかないといけません。

子どもたちはみんな「もっと発表したいです」「もっと頑張ります」「一日に三回は発表しました。次は五回発表します」「一〇回発表します」と書きます。

成長を実感させる

「無理では？」ということも書きます。でも、それを子どもが一生懸命書いたのであれば、教師が後の責任を取らないといけません。必ず振り返りに対して声をかけてあげてください。そして、実際に実行できたら、すぐに褒めてあげましょう。

「振り返りに書いてたけど、今日はその通りに発表した。良かったよ！」

「先生は知っています。田中君、立ちなさい。みんな拍手！」

自分が頑張ろうとしたこと、そして頑張ったこと。そこはちゃんと認められ、称賛が得られる、評価されるという実感が大切なのです。

振り返りをちゃんと機能させて、自分の決意表明を必ず実現させていく。実現した子どもを必ず褒める。認める。みんなの前で称賛する。それで人間というのは成長していく、成長しようとする生き物だということを、日々の授業で体感させていく。「発表」は自分にチャレンジするということを提供することなのです。

CHAPTER 4 / 06

クラスの発言レベルを確認

最終目標は座談会

「個人の発言レベル」の表と同時に、「クラスの発言レベル」の表を真横に書きました（次頁上図）。「みんなで考えよう。みんなのレベルはクラスとしてどうかな」という話です。

①ペア対話。おしゃべりではなく、意味のある話のできるペア対話。
②班で対話する。グループ対話。
③同じ意見同士のグループ対話。

四月の段階で、最後にみんなで座談会をやろうという夢を話しています。「座談会」というのは、私の国語教室の用語で、司会を決めずに子どもたち同士でどんどん対話していく状態を指します。学年の最後に教師が話し手として仲間に入り、みんなでしゃべり

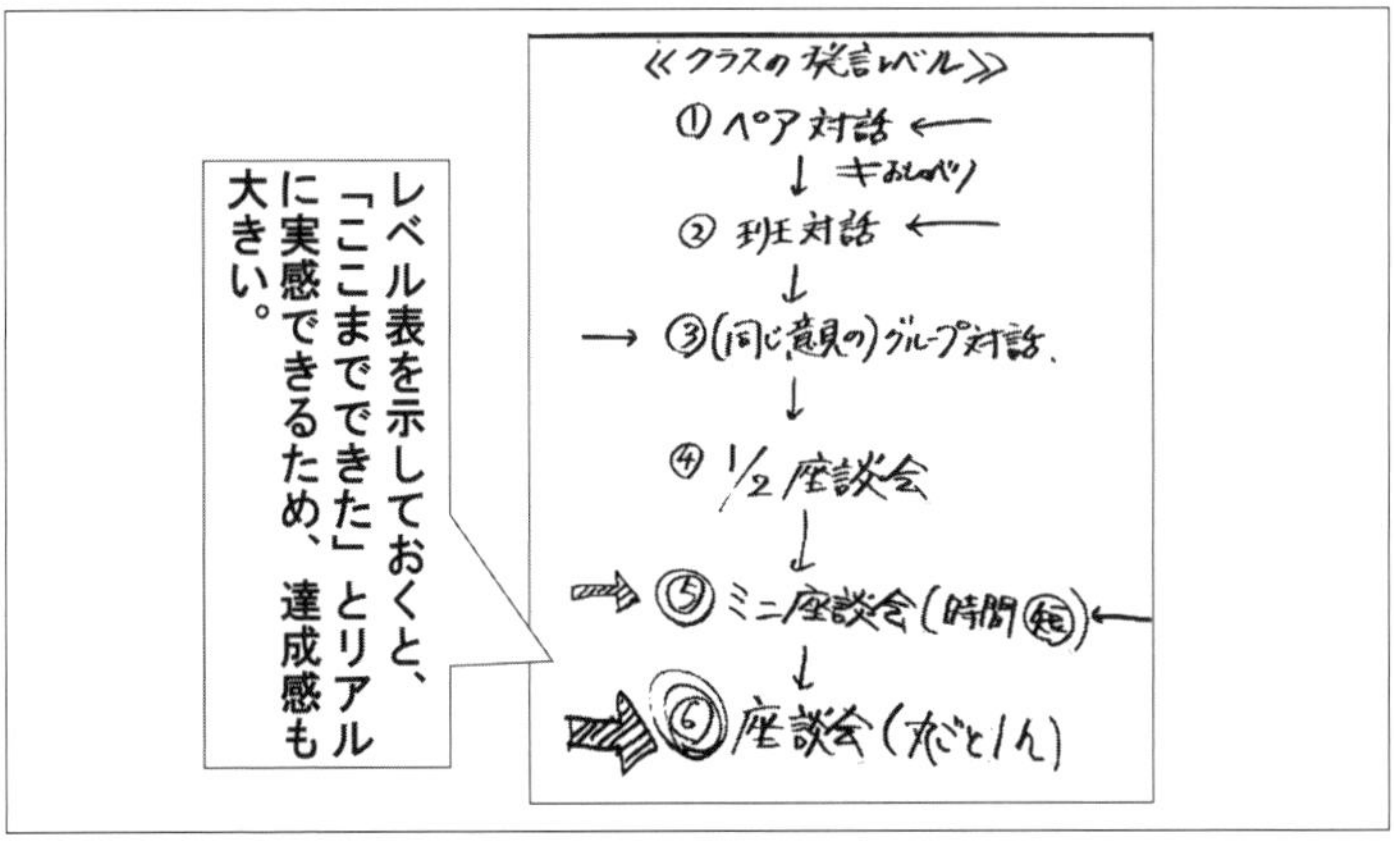

「クラスの発言レベル」の表：クラス(9月5日)

合おう、座談会ができるようになろうねと、クラス全体の共通理解として座談会があります。

④はその前段階の二分の一座談会です。1時間行う座談会の前段階として、クラスを半分に分け、それぞれで出た意見を持ち寄り、15〜20分程度で行うミニ座談会です。少数の集団で行うのです。

⑤は「丸ごと1時間の座談会はまだ無理だから、短い15分でもやってみようよ。ここまでいけたらいいよね」ということです。

そして⑥、最終段階が丸ごと1時間、教師も子どもたちにすべて委ねてみんなで話す座談会です。

この夢をみんなが持っていると、面白いことにいろいろな子どもたちにチャンスが訪れます。自分たちでちょっと話してみたり、「ここはやらせてください」と言ってきたり。子どもたちは自分たちに委ねられるのが好きなのです。

イメージを共有し、実現させる

私のクラスでは、この後すぐに詩の読み取り合戦の機会がやってきました。読み取りをどんどん紹介して、自分たちで話を進めていくような設定にしました。子どもたちに「できそう、楽しそう」ということを実感させてやりたかったのですね。そうしたら、本当に自分たちで進めて、内容はともかく（笑）、話をする雰囲気ができていました。

その経験を経て、体育祭の練習中、図解をしながら体育祭にむけての話し合いが始まったのです。１時間ほぼ教師なしで話し合い続けていました。私がビデオを撮っていたという状況も相まって、子どもたちは喜びましたね。

子どもたちの頭の中には、「こういう座談会ができたらいいよね」と教師がずっと話してきたイメージがあるのです。ですから、「座談会できたよ」とどの子も得意げで、この経験が大きな自信につながっていきます。

クラス全体の発表のレベル表を示しておくと、ここまでできたとリアルに実感できるので、達成感も大きくなります。これを思い立ったときでもいいので、ぜひやってみてください。

CHAPTER 5

話せる子になる「言葉がけ」「教室コトバ」「ノート指導」

CHAPTER 5/01

子どもから子どもへの言葉がけ

対話を成立させる教師のアドバイス

子どもたちが話し合いにたどり着くまでには、その過程が大事で、子どもたちへの言葉がけが必須です。その言葉がけの子ども編です。子どもが子どもに言う言葉です。話せる子にするため、子どもから言わせたい言葉を以下にザッと並べてみます。

まずは、場をつくる言葉。

「聞いてください」

「言ってもいいですか?」

「話しますよ」(一年生はこれでやっていました)

「○○君聞いてください」

「わかりますか?」

「ここまでいいですか?」「手を挙げてみてください」

干渉なしに子どもたち同士に話をさせると、どんな言葉が出てくるかわかりますか。「わかりますか?」です。いきなり聞いてしまいます。でも、そんなに急にわからない場合もあります。そこで、「ここまでいいですか?」というワンクッションを置く言葉を教えます。柔らかい言い方です。

子どもは白か黒かと結論を急いで「賛成の人?」「私の意見に賛成ですか?」といきなり聞いてしまいます。相手が十分にわかっていないところで結論を聞いてしまうので、「私の意見、ここまでいいですか?」とワンクッションを置くことを指導します。

「手を挙げてみてください」というフレーズもよくつかいます。こういった言葉は子どもたちから出てくることは少ないので、きちんと教えましょう。

「ちょっと手を挙げてみてください。○番だと思っている人、どれくらいいますか?」と、アンケートをとるような言葉です。このような言葉だけでも子どもがつかえたら、対話が成立していくので、その都度言わせながら、子どもたちの中にインプットしていきましょう。

CHAPTER 5 / 02

「ディズニーのように言ってみて」

「教室コトバ」で楽しく指導する

続いて教師からの言葉がけです。

子どもによっては、前に出てきてもぼんやりと話している子がいます。直立不動で話しています。直立不動で話すと、内容は伝わりにくいのです。子どもが姿勢にも気を配り、少し身振り手振りをつけたら伝わりやすくなります。高学年になれば、より意識させます。

四年生くらいでは、まだ難しいので、私は、「ディズニーのように話しなさい」とイメージを具体的に伝えています。ディズニーのように、ミュージカルのように大げさにです（笑）。

子どもは笑いながらも楽しんでやるものです。楽しく身振りをつけてやっています。

子どもにイメージさせる言葉を、教師が的確に選ぶことが大事なのですね。漠然と「大げさに」というより、「ディズニーのように」と**子どもが1秒でイメージできる言葉にすると、子どもたちに刺さります**。私はこのような言葉を「教室コトバ」と呼んでいます。

子どもに刺さる言葉を選んで話せるのは、彼らを一番よく知る担任だけです。パッとイメージできる「教室コトバ」をつくり出しながら、できるだけ楽しく指導していきましょう。

CHAPTER 5 / 03

ＩＣレコーダーを使う

ＩＣレコーダーで子どもを鍛える

「○○君、今の発言、言ってみて」

授業の途中で何の前振りもなく、唐突に子どもを指名すると、子どもたちは話し手として鍛えられていきます。

そのための方法として有効なのがＩＣレコーダーを使う方法です。例えば国語の時間、ＩＣレコーダーを向けながら「昨日から今日で一日たっているから、最初に思い出してみよう。今日、どんなことをやるんだっけ？」と、いろいろな子に振ります。これが子どもたちは大好きで、一年生ならＩＣレコーダーをマイクのように握りしめてずっと話していきます。盛り上がって最初の15分が潰れるということもしょっちゅうあります（笑）。

自分の声が残るから、子どもたちはレコーダーを持つと嬉しいのです。最後に名前を言わせるのがきまりで、名前を言うのを忘れたら、周りの子が「名前言って」なんて言っています。話し終わった子は、勝手に横の子にレコーダーを回すのです。渡された子は同じようなことをまた延々と話し始めます(笑)。もういいだろうと思いつつ、微笑ましいのでつい見ています。

ICレコーダーの効果

ICレコーダーで、例えば、今、どのような状況かを話してもらってもいいでしょう。これは、結構頭を使います。周りの子も真剣に考え、本人も必死で話します。

「今は『一つの花』の勉強です。『一つの花』の主題について勉強しています」

このとき、私は意地悪く「主題は何かを入れて」と言います。「主題は……えーっと、主題って……」と言い淀むと、横から「渡してください」と主題を言える子が出てきます。「主題は、自分が受け取ったことで自分の人生に使えるようなことです」と引き取り、また戻す。戻された最初の子が「今日は主題の続きをやっています」と続ける。

さらに、私は「昨日は誰だっけ。主題を言ったの。言って」とICレコーダーを向けます。このやり取りを全員が集中して聞いています。みんなが聞いているので、その子は一生懸命に話します。時々、それを子どもたちに聞かせると笑いが起こったりと、素敵な空気になります。ＩＣレコーダーを使うと、

- **まとめる力がつく**
- **話す力がつく**
- **クラス全員が集中する**
- **授業内容を振り返る**
- **次にＩＣレコーダーに録る、と考えて授業を受けるので授業を俯瞰して考える**

このように様々な効果があるのです。

CHAPTER 5 / 04

「書くこと」で発言が容易に

書く文化をクラスに浸透させる

次に、話せる子になるために、「書くこと」に注目していきたいと思います。心がけたいのは、ノートに書かせることです。意見を求めるときには、常にノートに書かせましょう。ノートに書かせることで全員が授業に参加できます。そこから二次的に発話させていくこともできます。ノートに書いておくと発言がしやすくなります。

実際にノートに書かせてみると、書けない子がいます。ノートを真っ白なままにしたくないので、「ノートが真っ白な子がいない教室にします」と宣言しておきます。

そのために何をするかというと、書き終わった子に黒板に書いてもらうことです。「書けない人は、今、黒板に書かれた意見と、多分似た意見があるだろうから、それを書きなさい」

というように、**黒板の意見を写させ、まずは書けていない子をゼロにする**ことです。

その前提として、「勉強というのは真似をすることだよ」と、安心して真似をしていいことをきちんと話しておかなければいけません。

ここで、ハイタレントの書ける子をうまく活用して、周りの子にノートにどうやって書けばいいか、その方法を教えてもらうのです。まずは、結論をどんどん書く文化をクラスに浸透させます。

CHAPTER 5/05

低学年には「話すように」書かせる

発表させるための手立てとして

低学年で「書き言葉」で完結する活動ではなく、書いたものをみんなで発表しよう、聞き合おうと発表にもっていく場合には、ノートにも「話すように」書かせます。子どもたちは、それを読めば発表していることになるからです。

特に一年生は話せるようにするため、いろいろな手を打っていかなければいけません。その一つが、「話すように」書くということです。

もちろん、一年生が書くことを上手にできるようになるには時間がかかります。一年生ですから、最初は平仮名、片仮名を読むので精一杯です。文字を書けるようになるため、基本構築にきっちり時間をかけて、その上での話です。

以前、十二月に『じどう車くらべ』（光村図書『こくご一下』令和二年度版）という勉

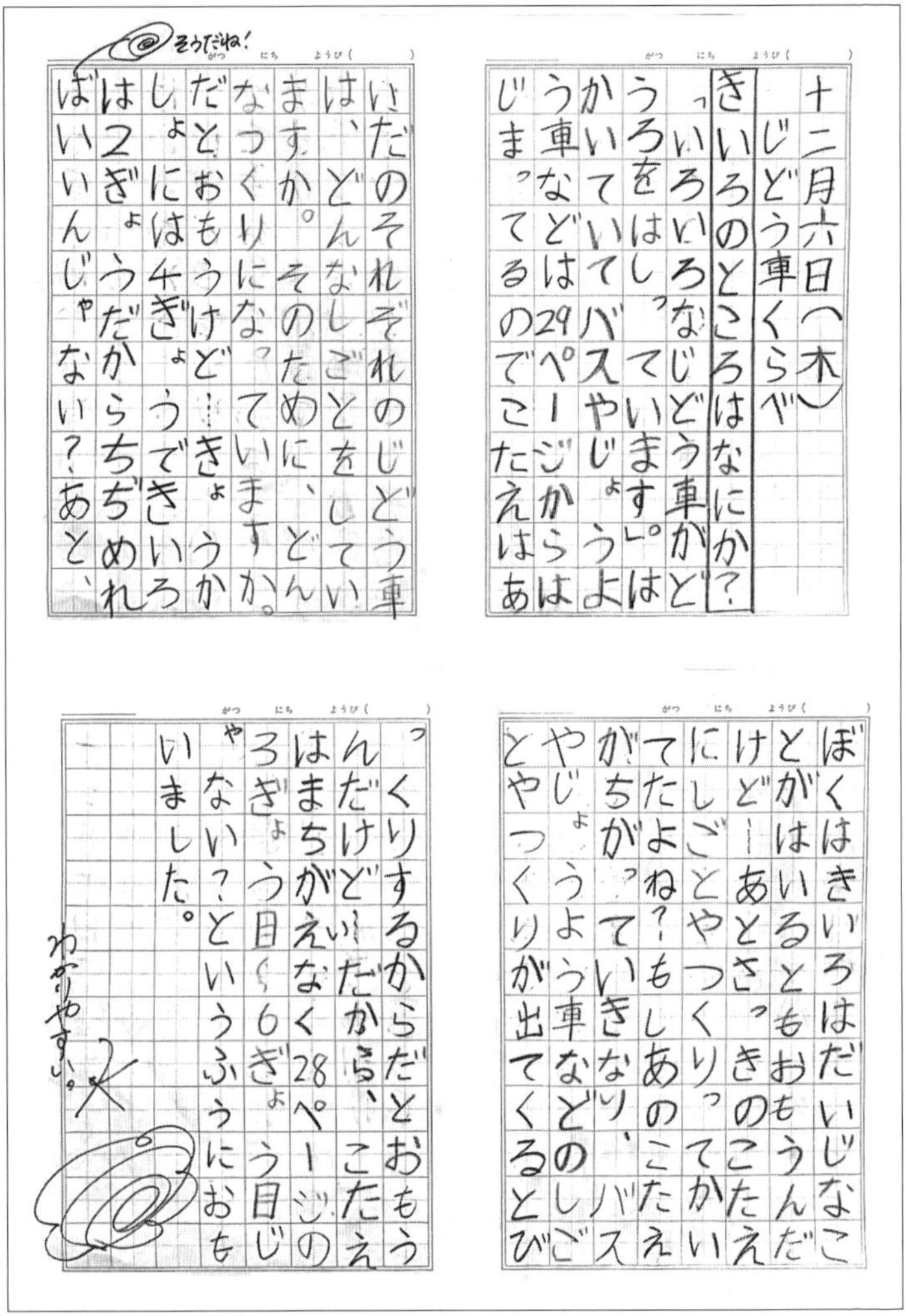

十二月六日（木）
じどう車くらべ
きいろのところはなにか？
「いろいろなじどう車がどうろをはしっています」。はかいていてバスやじょうよう車などは29ページからはじまってるのでこたえはあいだのそれぞれのじどう車は、どんなしごとをしていますか。そのために、どんなつくりになっていますか。だとおもうけど…きょうかしょには4ぎょうできいろは2ぎょうだからちぢめればいいんじゃない？あと、

◎そうだね！

ぼくはきいろはだいじなことがはいるともおもうんだけど—あとさっきのこたえにしごとやつくりってかいてたよね？もしあのこたえがちがっていきなり、バスやじょうよう車などのしごとやつくりが出てくるとびっくりするからだとおもうんだけどいだから、こたえはまちがえなく28ページのろぎょう目（6ぎょう目じゃない？というふうにおもいました。

わかりやすい。
◎

1年生のノート（例）

強をしました。

前ページの写真はそのときに書いた子どものノートです。『じどう車くらべ』は説明文です。私が文章を色分けし、色分けの部分について「なぜ先生は黄色にしたんでしょう？」と問いかけました。その問いに対する答えを書かせています。

一年生や二年生の段階では、「話すように」書かせるというのもありなのです。もちろん、書き言葉だけで解決するときは書き言葉を教えます。目的に応じて違うということです。

CHAPTER 5 / 06

刺さったことをメモする技術

低学年は青のモコモコで

メモを取る技術を持っているかどうかも、話をさせるためにはやはり大事です。メモの技術がないと、誰かの意見に反対したり、同意したりができません。板書を写しているだけでは対話ができないので、メモを取らせたいものです。

私は一年生でもメモを取ることを教えています。一年生でメモをすることは非常に難しいです。メモを取る技術を教師が丁寧に指導していく必要があります。最初はほとんどメモになりませんが、メモが必要な場面で「今のはメモしたいよね。先生がメモするから写しなさい」と教師が黒板に書いたメモをノートに書かせます。

一年生にメモを取らせるときは、「必ず青のモコモコの吹き出しをつけること」を約束ごとにしていました。そして「青のモコモコがあったらメモだよ」と話します。

モコモコとは吹き出しのこと。子どもたちは自分で青の吹き出しを一生懸命ノートに作っていました。

「みんな、今日一日で青のモコモコ書いた人いる？　見せてごらん」

すると、子どもたちはノートを掲げて青のモコモコを見せてくれます。

「メモをした人？」と聞くよりも、一年生の場合、「青のモコモコ、今日二つ貯めた人いるよ。○○ちゃん、二つも青のモコモコ書いたんだね。すごいね。どんなこと書いたの？」

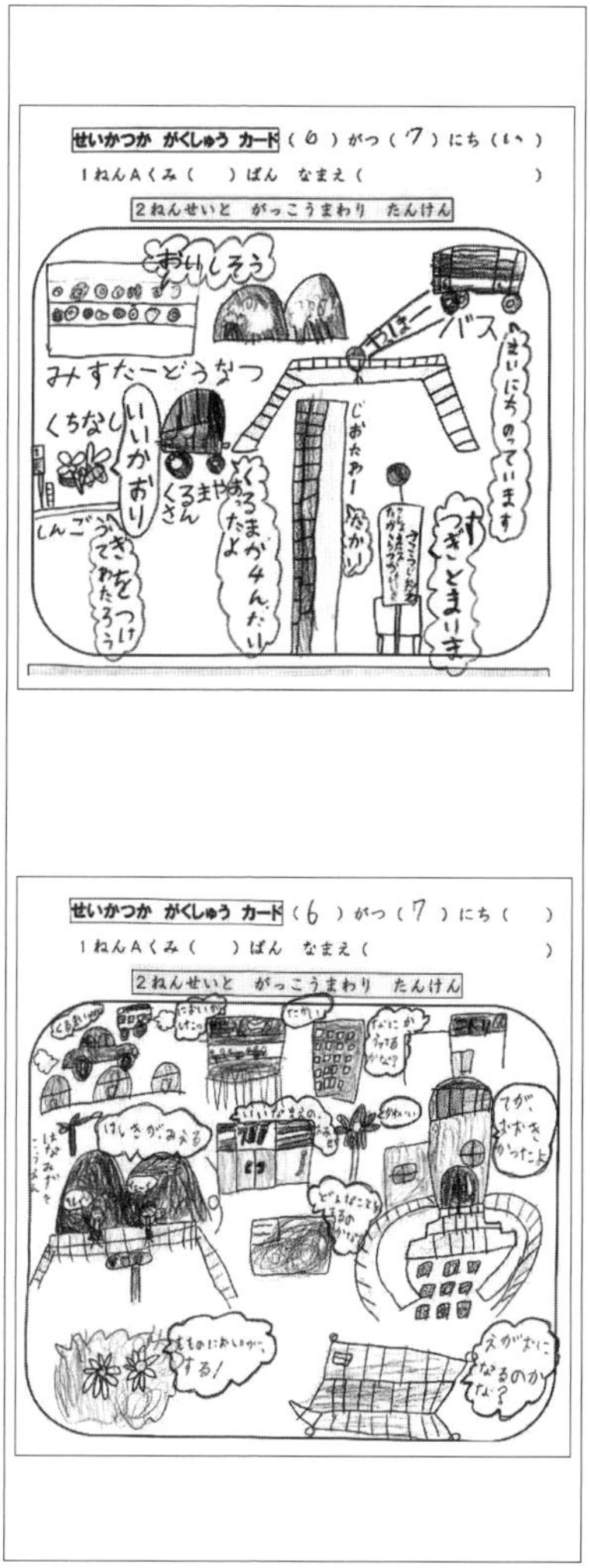

1年生のメモ（例）

そう具体的に言葉がけすることで、メモを取ることを少しずつ実感させていくのです。

これは吹き出しでなくてもいいのです。色を決める方法でもいいでしょう。**後でノートを見返したときに、どれがメモなのか、どれが板書なのかがわかることが大切**です。

中学年以降はオリジナルで

中学年以降は、「メモとわかるようにメモしておくんだよ」と話します。例えば、イニシャルでMと書いておく。Mはメモの Mです。ダイヤマークをメモの目印にする子もいます。低学年では、ある程度みんな同じようなノートで構いませんが、四年生くらいからは自分なりのオリジナリティのあるノートに脱皮させていきたいと思っているので、自分なりのマークでいいのです。

オリジナルのノート、オリジナルの漢字ドリル、オリジナルの教科書をつくろうということがいわゆるメモをするということです。**メモをしていくという行為はオリジナルをつくっていく行為**です。オリジナルノートをつくっていく行為は、面白い発言が出るクラスになるための布石なのです。自分が心に残った意見をメモする、自分は意見を言えなかったけれど書いておくなど、そういうことが大事です。

CHAPTER 5/07

図解する技術

図解から学びが生まれる

さらに、自分たちの考えを図解する技術を持っているかどうかも、「話す」ことに結びついていきます。言葉では言い表しにくいことを図解し、そこからの広がりを説明する。この活動は低学年でも十分できます。

まず、図解とは何か。大人側の言葉に置き換えると「思考ツール」が近いですが、教室で用いるものはその枠に収まりません。自分の考えを表す図やイラストを、総じて「図解」として扱っています。

四年生の教材『手と心で読む』（光村図書『国語四上』平成二十七年度版）という点字の読み方が書かれたものがありました。この作品を読み取るため「要旨は何か？」をテーマにしました。説明文ですが、子どもたちは物語文のように受け取り、図解しま

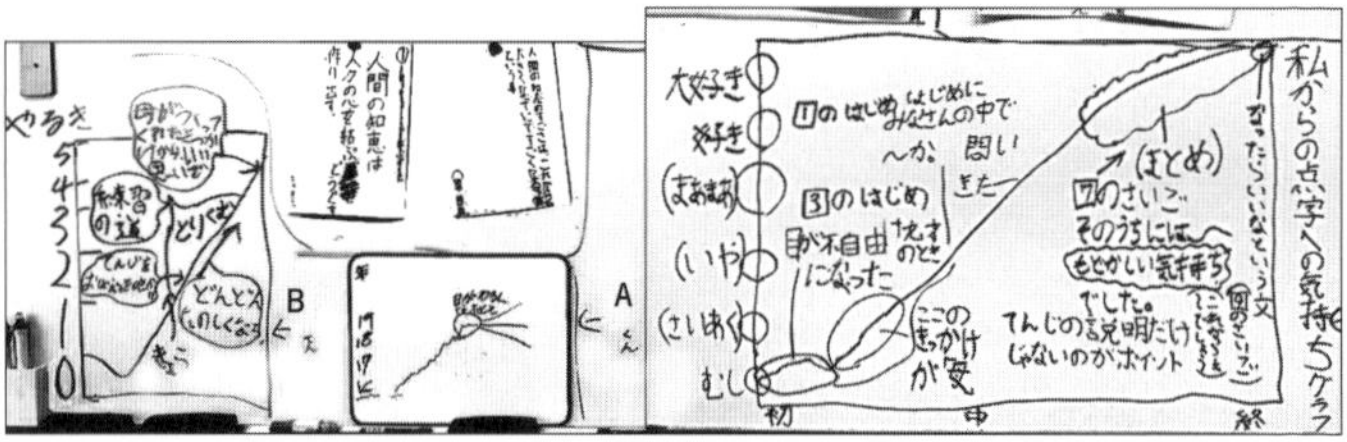

図解の不完全さが議論を呼ぶ。
→ テキストとの整合性を求める時に「思考」し、「学び」が生まれる。

子どもが自主的に読み取ったことを表した図解

した。実際にホワイトボードに書かれた３人の子どもの図(上図)です。

この文を要約すると、「どんどん目が悪くなってしまった筆者が点字を覚えていく」という話です。筆者は、最初、点字を覚えることに葛藤があります。だんだん点字がわかってきて、もっと点字を読みたいとなったときに様々に感情が揺れ動きます。

その部分が子どもたちの心に刺さりました。上図の右部分は点字に対する「わたし」の気持ちです。最初は点字に対して嫌な思いをしていたけれど、母親がきっかけになってその思いを取り払っていったという作品だと理解しました。そのもどかしい気持ちの部分を〇で囲って表現しています。

A君、Bさんの図もそうですね。普通、説

明文は事象を追いますが、この文は筆者の感情を追っています。子どもたちの心に刺さったのもそこでした。

この授業では、子どもたちが自主的に黒板の前に出て「図解していいですか？」と言い、書いていきました。この図をもとに話し出す。次の子も話す。子どもたちはビジュアルがあると、とても集中します。**図解していこうという雰囲気が教室にあれば、読み取ろうとする動きが一つ増えます**。

言葉を言葉のまま使わず、図に置き換えているわけですから、他の子どもたちも図にこだわっていきます。この文章だったらこの図は違う、ここは私だったらこう図解をするからなどと、それぞれの意見が出てきます。

さらに、図解の不完全さが議論を呼びます。子どもの書いた図ですから、わからないところが出てきます。図がぐちゃぐちゃになって、それが逆に議論を呼びます。**不完全だから、テキストとの整合性を求めるときにそれぞれで思考します**。ここはどうなっているのかと、テキストとのせめぎ合いが生まれていきます。ここに学びが生まれます。

オリジナルの図解が話し合いを生む

図解は、最初から教師がフォーマットを与えてしまうと効果は低いと思います。**図解を「枠ありき」で始めては、せめぎ合いは起きにくいのです。**「フローチャート」などを先に教えてしまうと、そのチャートにはめていこうという意識が働きます。そうではなく、図解は最初、子どもたちから出てくるオリジナルのものがいいのです。算数から出てくる折れ線グラフや円グラフなどはわかりやすい図解で、結構話し合いで使えます。

図解が上手になってきたら、高学年でこんな思考ツールがあると枠を与えてもいいでしょう。そのときに、例えば、「ベン図」を教えて、「ああこんなに便利なものがある」となるのはいいのです。先に教えてしまうと、子どもたちの微妙な感じ・思いが図にならない。**不完全な図だからこそ話し合いを生む**ので、小学校の段階では子どもたちが形にしていく、子ども発のオリジナルな図解がベースです。

最初は記号でもいいでしょう。子どもたちに図を書いて説明することを、教師から積極的に教えてください。そして、子どもたちに、図に描いて説明できることは、とてもいいことなんだよ、と教えてください。特に中学年以上では使える方法なので、試してほしいと思います。

CHAPTER 5 / 08

図解が生まれる瞬間

三年生の『モチモチの木』（光村図書『国語三下』令和二年度版）の授業例で、図解が生まれる瞬間を紹介します。『モチモチの木』のある授業のクライマックスの場面で、子どもが突然、図解したいと前に出るシーンがありました。豆太が勇気を出してじさまを助けた場面です。それは豆太が変わったからなのか、変わっていないのか、子どもたちの中で話題になったところです。

子ども1：でも豆太は別に急にきもすけになったわけじゃなくて、じさまが倒れて、じさまが死んでしまうほうが怖かったから、火事場の馬鹿力みたいに思うんじゃないかなって。
子ども2：では変わってないってこと？
子ども3：だから臆病のまま。

教　師：ああ。ごめんね。ちょっと立ってる人、何か言いたいよな。ちょっと今、何か言ってたよ。

子ども4：つまりI君が言ってるのは、火事場の馬鹿力っていざというときに使える力じゃないですか。ここまではいいですか？

全　員：はい。

子ども4：だから、I君は豆太の臆病という性格は、まだ臆病というのが……**ちょっと図解していいですか？**

教　師：いいよ。

子ども4：その間に言ってくれる人いますか？（自分が描く間に話し合いを進めてほしいと促している）

教　師：じゃあマイク回してどうぞ。

子ども5：言ってもいいですか？

全　員：はい。

子ども5：私はSさんに対しての意見なんですけど、その豆太は四場面でちょっときもすけに近付いた感じじゃないですか。だけどそのときはじさまは腹が痛くて……。

子ども6：四場面からは勇気を出したから、臆病は三場面までしか……。

「子ども4」の子です。「ちょっと図解していいですか？」。この子は図解に時間がかかると思い、その間に「誰かしゃべってください」と言っています。その間に他の子が話しています。

子ども7：涙にも二つの涙がある。

教　師：二つの涙？　今二つの涙って、先生反応したかった。

子ども8：昨日やってたじゃん。

子ども4：（図解終了）ちょっと話がだいぶ戻るんですけど……。

図を描いていた「子ども4」の子がここで言います。火事場の馬鹿力がそのとき出たということを言いたかったのですね。それで、この子なりの図解をしているのです。これはこの子が考えたロケット噴射のような図解です（124ページ上図）。この図が、クラスの仲間に刺さっていきます。この子の頭の中がそのとき考え得る表し方で出されるから刺さる。それをみんなに聞いてほしい。他の子もその子の発言を聞いていないとわからないので、一生懸命聞く、という状態になります。

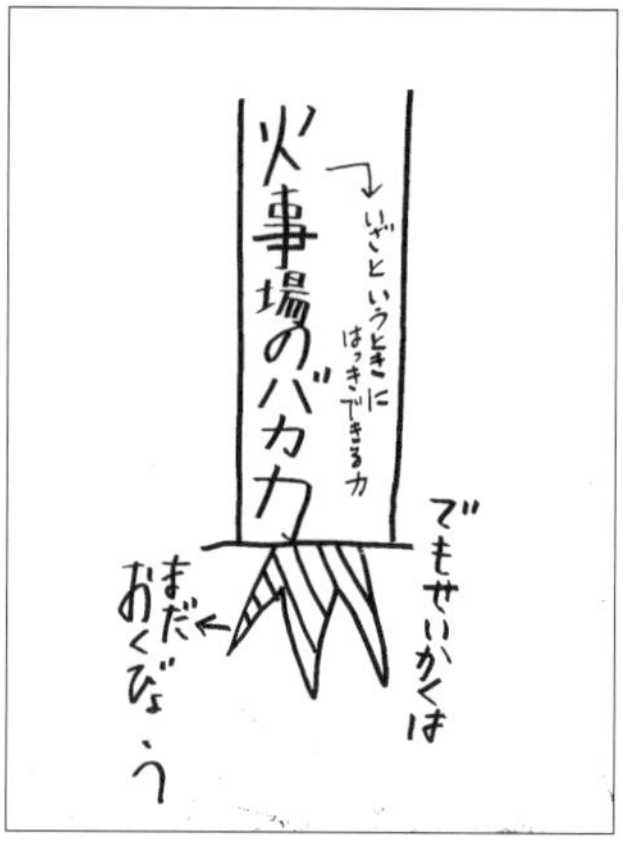

「子ども４」の子の図解

子ども4：話が戻るんですけど、私はＩ君の「臆病でもいいんだよ」について、まだ根は臆病なのかなと思います。火事場の馬鹿力はいざというときに発揮できる力で、でもまだ性格は変わりかけているけど、まだ完全ではなく、だんだん勇気があるとなってる感じではないかなと私は思うんですが、皆さんどうですか？

全　員：はい。

教　師：ありがとうございました。そうか。今、聞いてましたか？　はい、何て言った？　そこだけ言ってごらん。

子ども9：変わりかけた？

教　師：変わりかけたって言ったのか。

　ここで、私は「何て言ったか言ってごらん」と言いました。私が復唱するのではなく、子どもが常にキーワードとなる言葉を聞ける耳をつくっていきます。ここで言えば、「変わりかけた」や「火事場の馬鹿力」ですね。キーワードを「捉える耳」を日常の授業の中で鍛えていくのです。

　このようにして、子どもたちは「聞く耳」や「図解」などのアイテムを得て、対話力を身につけていくのです。

/ COLUMN 3 /

1秒で刺さる言葉を探す――教室コトバ

教師が子どもに話すシーンなんて、あまりにも当たり前すぎて、逆に意識しないかもしれません。しかしそういった「当たり前」の中にこそ改善できるところがあって、逆にそこを改善すれば「日常」が変わります。

このことを本書では述べているのですが、教師が子どもに何かを伝える時に習慣にしたいのは、「１秒で刺さるか」という意識です（習慣なので、無意識にできるようになりたいのですが）。

これは「小学生である」ということで余計に大事です。

だらだらと補足しまくって話すのは誰でもできます。しかし、相手は小学生なのです。「聞いていない」「興味がない」「面白くない」「意味がわからない」「集中が続かない」などなど小学生ならではのハードルがたくさんあります。

その中で話すのです。

だから、「１秒で刺さる」ことを目標に話す。

ポイントの一つは「**あたまの中に一瞬でイメージ（絵）が浮かぶ言葉を選ぶ**」ということ。

「静かにしなさい」→「音０です」

「黒板には大きく書いてください」→「黒板に手の平より大きく書きなさい」

「本棚を整理してください」→「本棚を本屋さんみたいにして！」

といった言葉を探しましょう。

それを「教室コトバ」と呼んでいます。

もう一つポイントを挙げるならば、「**当事者意識を持たせる言葉を選ぶ**」ということ。

基本的に子どもたちは、何かをたずねられても、「自分のこと」と思っていません。そこを「自分事」にさせる言葉を探すのです。

「（落とし物を掲げながら）これ誰のですか？」→「これ自分のじゃない人手を挙げなさい」

あなたの「教室コトバ」は何ですか？

全国の先生方の「教室コトバ」を集めて「教室コトバ辞典」を作るのが私の小さな夢の一つです。

楽しそうでしょ。

CHAPTER

6

主体的で対話的な〝おいしい〟学び「座談会」

CHAPTER 6 / 01

座談会とは

対話の到達点

四月にクラスの夢として、最終的に「座談会」をすることを掲げてきました。私の国語教室における座談会というのは、司会など役割を決めずにみんなでテーマに沿ってわいわい意見を交わすことです。口火を切る子がいて、話が脱線したらまた戻してと、「話す」「聞く」技術が成熟していないと成り立たない形態です。座談会を子どもたちだけでできることが一つの対話の到達点です。

座談会は、教師が何もせずにどんどん子どもにしゃべらせることに限定しているわけではなく、前提として子どもたちが自分から話したいと思うことを話す。そこに教師が入ってもいいと思います。教師が入らないことが素晴らしいと思っているわけではありません。

ただ子どもたちに座談会という場を設定することで、子どもたち自身が話の中に自由に出たり入ったりすることを考えながら話すことができます。または、他の子にゆずる。そういった話す場面でのあらゆる大事な要素が座談会にはあります。そして、何より子どもたちが意欲的です。

子どもに無理に座談会を強要するのではなく、子どもたちが自分を出す場面として、まず「伝えたい思い・内容」ありきで、いきいきと、「先生、もう出てこないでください」というくらいのレベルで話せるなら、それを座談会と呼んで目指してみようということです。教師も一メンバーとして話すのです。そのような場所が座談会です。

CHAPTER 6 / 02

座談会までの流れ

授業を一部任せてみる

座談会に至るまでのこれまでの取り組みを表にまとめました。

まずは、**発表には二種類あるということを押さえました**。「再現レベル」と「創造レベル」の二種類です（88〜90ページ参照）。

次に、**自分の発表のレベルを認知させました**。発表の種類を教え、そして自分が今どの段階にいるのかということを認知させ、その都度、細かな確認や声かけをしてきました（91〜95ページ参照）。

また、子どもたちが課題をクリアしたときにはきちんと評価・称賛します。こういったことを授業の中で、細やかに細やかに入れていきます。

日常の授業の中でのことなので、チャンスはたくさんあります。算数科の授業でやり、国語科の授業でやり、社会科の授業でやり、理科の授業でやる。授業の中で発表のレベルについても意識させ、それに従って教師が評価・称賛していくということです。

次に、**授業を一部子どもに任せてみます**。わざと教師が物を取りに行くふりをして任せてみるといったことも意図的にやったら面白くなります。子どもたちはそういった**任され感や自治に憧れを抱く**ものです。教師の気分を味わえるのが楽しいのと、自尊心をくすぐられるわけです。私のクラスでは、毎年子どもたちから「自分たちで続きをやります」と言ってくるようになります。

この取り組みでやりやすいのは漢字です。5分でも10分でも漢字の勉強を子どもに仕切らせると、短時間で教師の気分を味わわせることができます。例えば、「**今までやった漢字の中で間違えやすいものを三つ選んで授業しなさい**」と休み時間に言っておき、それをみんなの前で代表の子に書かせて、授業の最初の10分を任せてみるのです。

子どもたちはみんなやりたがるので、みんなの前に出て発表するのが楽しいという空気をつくっていくことができます。私のクラスでは、みんなやりたがり、三人、四人、五人と複数で前に出てきて、一生懸命やっています。

次に「**ミニ座談会**」（135〜141ページ参照）の番です。子どもたちに多大な負荷がかからない程度に座談会のようなことをやろうという試みです。ここでも、細かな確認や声かけ、評価・称賛が必ず必要です。

振り返りの機能で進化する

そして、このあたりから振り返りを特に機能させます。**授業の中で話し合いをしたら、必ず、振り返りをセットで書かせてください。その中には必ず友だちの名前を入れるように指示**します。友だちの名前を入れようと思えば、メモが機能していないと書けません。誰がどんな意見を言ったのかを記録しておくからこそ、振り返りの中で友だちの名前を書くことができます。

対話や話し合い活動がより活発になって進化していくのは、振り返りが機能しているときです。

「言いたかったけど言えなかった意見、自分が考えていたことを、振り返りに書きなさい。手を挙げて言えなかったことを書けばいいんだよ」

発表しなかった子どもの考えも、振り返りを見ればわかります。その日すぐに見ることができるので、友だちの意見を書くのと同じくらい、言えなかった意見を書かせ

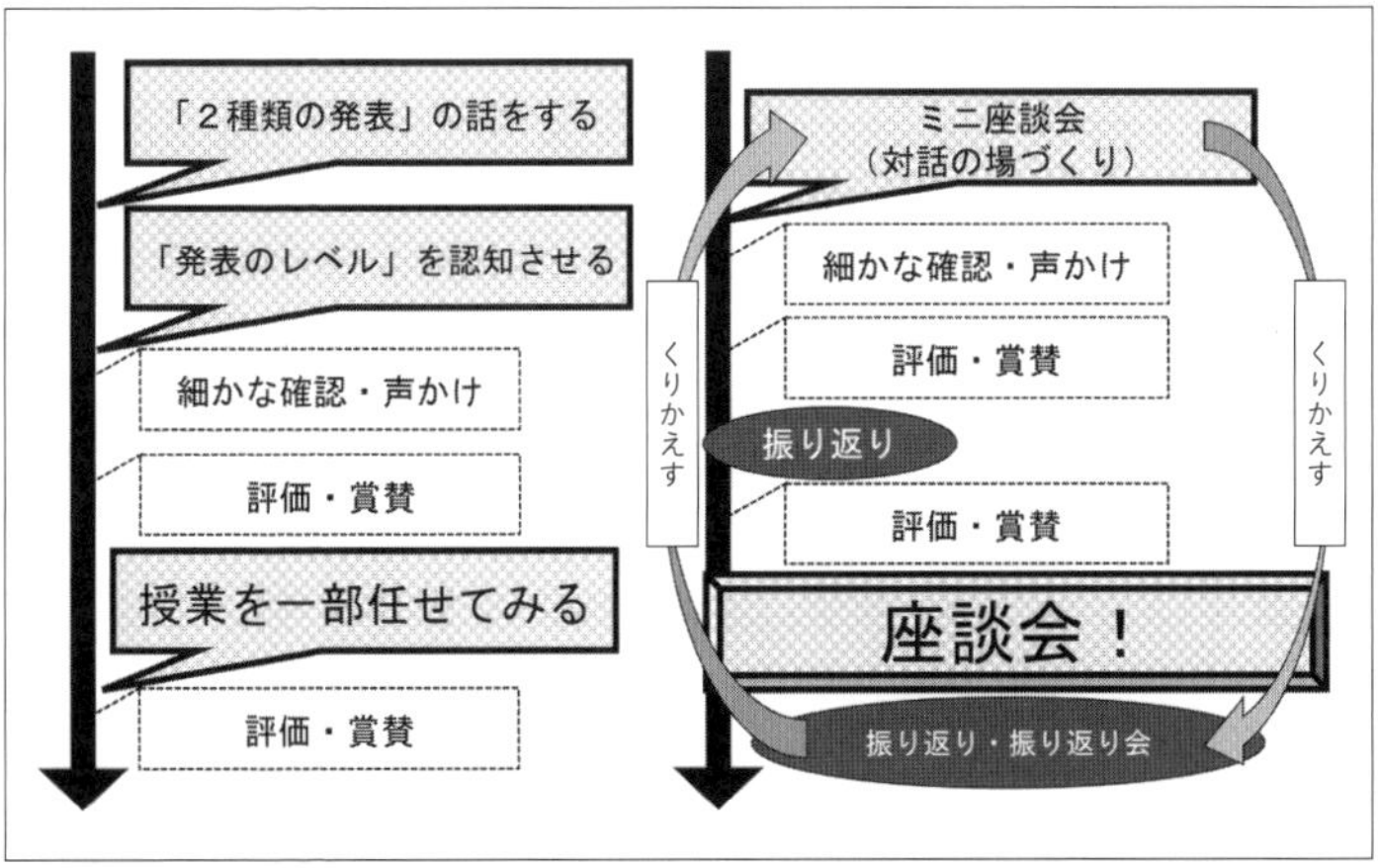

座談会までの流れの図

ることも大事なのです。

振り返りで身につけさせたいのは、学習したことの定着ももちろんですが、思考する技術なのです。自分で授業を思い出し、ノートを見ながら書かせます。

さらに、自分の成長や反省もです。「ここでもっと発表したかった」「もっと発表したい」……。そして、書いたことには、責任をきちんと取らせること。その後、「もっと発表したいって書いていたよね。それで今日発表したよな。立派だよ」と必ず、称賛を入れていきます。

話し合いを行う↓振り返りに自分のことをメタ認知する場がある↓そしてそれを教師が見る↓その後の行為に教師がコメントをしたり、評価したり、称賛したりする。

ここまでがセットです。

これを機能させることで、話し合いの質がどんどん上がっていきます。あらゆる要素が話し合いには関わっています。ただ話し合いのスキルがあってうまくなるのではなく、地道に先の学びのサイクルを繰り返していくことでスキルが上がっていくのです。

「ミニ座談会」も何回か行い、この振り返りを繰り返していきます。そして、座談会までいき、最後は、座談会の振り返り会。座談会をやった後にどのような感じが良かったか、今、何が良かったかというのを、みんなで話し合ってみようというのを10分なり15分なりでやっていけばいいかと思います。

このように発表のカテゴライズを知り、自分の立ち位置を知らせ、そして授業を一部任せたり、子どもたちを思考させる「振り返り」を書かせたりし、そして「ミニ座談会」のような対話する場、話し合いの場の時間を短くていいので取ります。

そして、最終的には1時間丸ごと子どもたち自身で話ができる。1時間話せたから良かったではなく、自分たちの意見をものすごく一生懸命言えた、みんなが言いたい、みんなが聞こうという空気になっていたら良いクラスだよな、というところに落としていくことが大事なのです。

CHAPTER 6 / 03

対話の場づくり「ミニ座談会」

二つに分かれて対話する

前項の流れの中をさらに詳しく見ていきます。まず、「ミニ座談会」についてです。図の中で「ミニ座談会」は「振り返り」とセットになっています。それらを繰り返しながら、その後の「座談会＋振り返り」とスパイラルしています。

「ミニ座談会」の話し合いの場として用意するのは、まず、二つに分かれての話し合いです。二つのグループで話し合いをします。子どもたちを二つの立場に分け、それぞれの立場に立たせて、詩の読み取り合戦をさせるとすごく盛り上がります。

多くの詩は「全体を一度に俯瞰できる」といった特徴を持つ教材です。比較的取り組みやすく、例えば、特色の違う詩を二つ選んでAとBとし、子どもたちをAとBに分かれさせて立場を明確にさせます。あなたたちはAの詩を、あなたたちはBの詩をとし、意見を対立させるのです。

私のクラスで実際に、二学期のスタート時に行ったところ、「次の読み取り合戦、いつやるんですか?」とたくさんリクエストがありました。そのときはまだそんなに上手な対話ではありませんが、これが学期が進むと全く質が変わっていきます。アプローチの仕方が表層的なことから、少し中身に入っていきます。意見を対立させる話し合いは子どもたちに何度かやらせていくといいでしょう。

「読み取り合戦」はAチームとBチームの他に、評価者も設定できます。審査員です。この三つのチームに分かれてやるのも一つのやり方です。

このとき、気をつけないといけないのは、審査員がお客さんになってしまわないようにすることです。Aチーム、Bチームが意見を言い合うだけで、周りで見ている審査員の子どもたちは、ほぼ思考しない場合があります。多くの子がぼうっと眺めている状態は避けなければなりません。

そのため、審査員にも必ず「役割」を与えます。私が出す指示は、評価者、審査員こそ新しい言葉が出てきたらメモをしてほしいというものです。「メモの余裕もないくらい話すかもしれない。話さないあなたたちがメモ役をして、『この発言が良かった』『この言葉はあなたから出たよ』と言ってあげられるようにしなさい」と言っています。

役割がはっきりするので、どの子にも〝遊ぶ〟時間はない状況をつくり出せます。

異なるテーマで話し合う方法

二つに分かれて話し合う別のバージョンとして、二つのグループで別々に話し合いを同時進行するという方法もあります。

六年生『海の命』（光村図書『国語六』令和二年度版）の学習を例にします。

Aチームは『海の命』の「与吉じいさの生き方」で話し合う、Bチームは『海の命』の「おとうの生き方」を話し合うというように全く違うテーマで話し合います。教室の真ん中で二手に分け、話し合いの場をつくり、ミニ座談会をさせます（138ページ上図）。

最初は訓練が必要なので、話し始めは教師が指名します。「はじめはあなたからしゃべりなさい」とそれぞれのグループで指定するので、教師は行ったり来たりで正直忙しいです。ここではまだ教師が話し合いに手を入れていきます。やりだすと、やりたいことが山ほど出てきます（笑）。『海の命』では、「母の存在」や「描写について」など、取り上げたいテーマが山ほどあります。

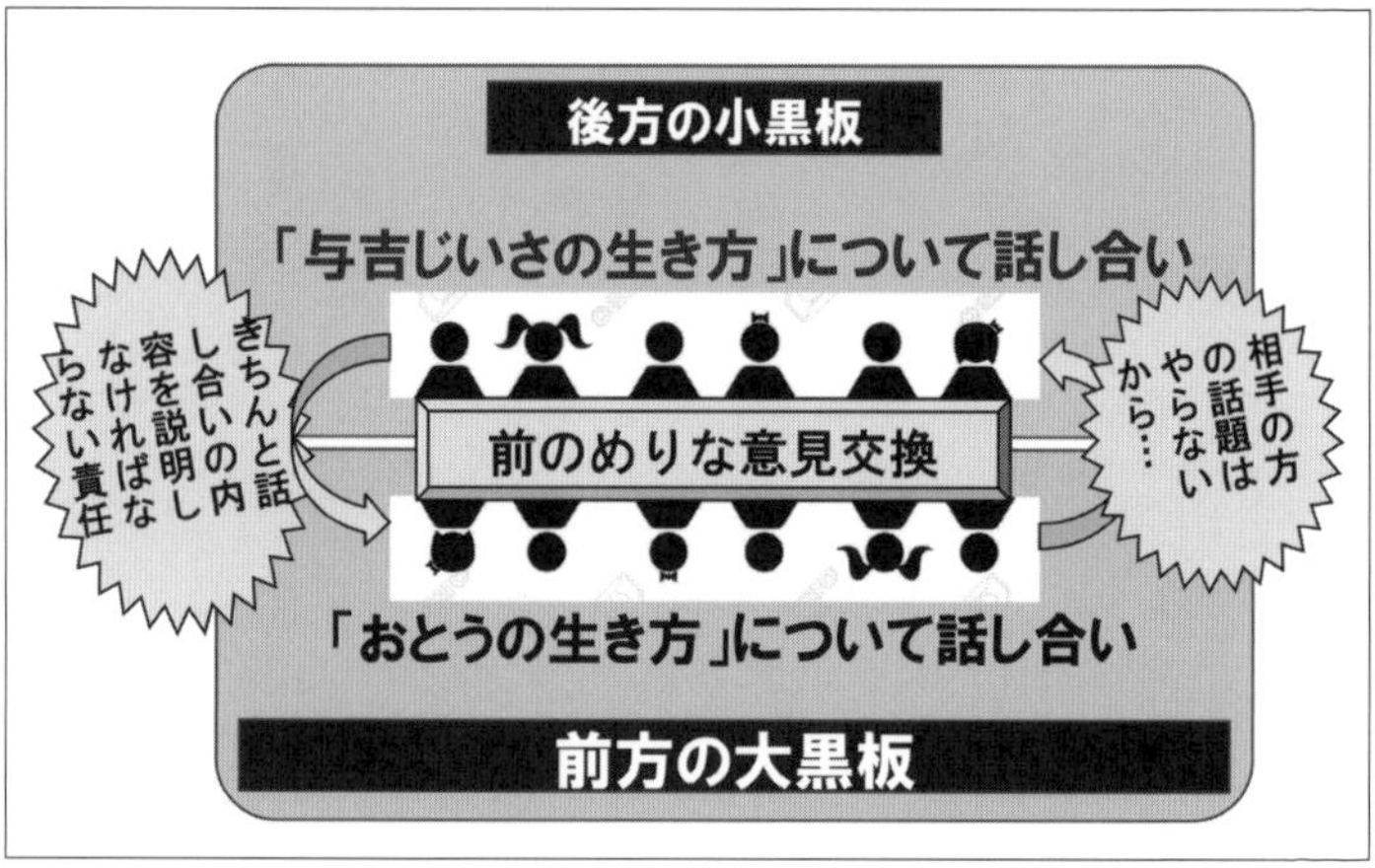

異なるテーマでミニ座談会

たいていの教室には後方に小黒板がありますね。Aチームはこの小黒板に集まって、「与吉じいさの生き方」について話し合おうということで、まず場づくりをします。教室の真ん中で区切り、半分の子どもたちは前方の大黒板を使い、残りの半分は後方の小黒板を使います。それぞれ反対を向いているイメージです。

Bチームで「おとうの生き方」について話し合いを始めたら、相手チームの話題については話し合いをさせません。話し合いをしないことをプラスにするためには、両方へきちんと話し合いの内容を説明することが必要となります。

「与吉じいさの生き方については、みんなでやらないよ。君たちAチームだけだよ」

「おとうの生き方についてはBチームだけだよ」

「それぞれ重要な案件だから、相手にどんな話し合いがあったかをきちんと伝えなさい」と話すことで、面白みと緊張感が生まれます。もちろん、「与吉じいさ」を全員で話し合いたいと思ったら全員で話せばいいのですが、ここではお互いが聞いていないという条件で、それぞれで対話させ、意見交換に持っていくという方法です。

これは中学年以降に向いています。

また、ミニ座談会では、教師が手を入れて話し合いを活発化させます。

「こっちのチーム、田中君がずっとしゃべってます。田中君の独演会になってます。それでいいんですか？」

「こっちのチーム、発言が少なすぎます。もうちょっと増やす努力をしなさい」

というようにです。全体で話し合うより、少ない人数の集団なので仕分けしやすいという利点もあります。

同じテーマで話し合う方法

さらに、Aチーム、Bチームのどちらも同じテーマで話し合わせる方法もあります

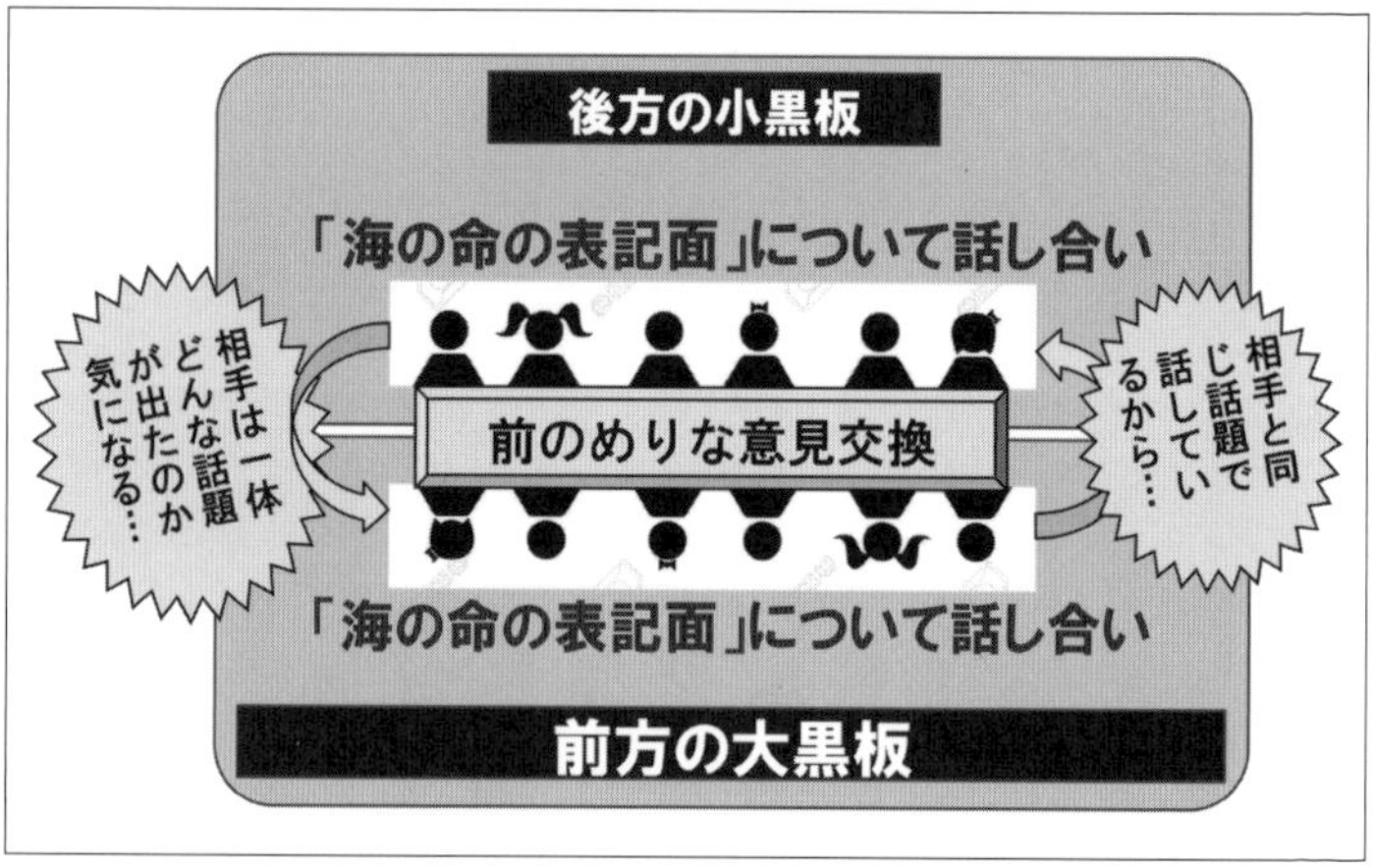

同じテーマでミニ座談会

（上図）。

例えば、『海の命』の「表記面」というテーマでAチーム、Bチームがそれぞれ話し合います。同じテーマでも、二つに分かれて話し合うことで、発言の機会が増えるというメリットがあります。クラス全体ではお客さんになる子どもも、少ない人数だと発表の場が増えるので、話し合いに入っていきやすくなる良さがあります。

後方の小黒板でも前方の大黒板でも、「表記面」について話し合っていると、同じ話題で話している分、一体相手はどんな話題になっているのか気になってくるのです。どちらも一方を気にかけている。自分たちの中で出た意見が、向こうも出ているのか、自分たちでしか発見していないことがあるのではないか。

ここからが教師の力の見せどころなのです。

真ん中に立ち、それぞれのおいしいところを聞いては、「Aチームやばいぞ。Aチーム発見してますぜ。もう三つ出たよな」「Bチーム頑張れよ」と声をかけたり、「今、一つ共通のものが出ています。ちょっと全員こっちを向きなさい」と向かせて、一旦教師が受け取って集約したり。

「何が出ていると思いますか。情景描写。表記面の中の情景描写。君たち両方とも情景描写が出ていますよね。素晴らしいです。ただAチームはその情景描写の捉え方が違います。どこにあるかだけの話じゃないんだよな、Aチーム。言っていい？　駄目？　わかった。じゃあBチーム、もうちょっといこう」

行ったり来たりしている教師が、話し合いの質が高い、質が低いということを言ってあげることで、お互いの刺激にもなっていくのです。

これができるのも二学期の半ば以降からですね。成長すると、次第にできるようになってくるもので、それが面白い。何度か回を重ねることで、深い意見交換ができるようになればいいですね。

CHAPTER 6 / 04

座談会に向けて

始まりは教師の仕切りから

前項までのことをやりながら、座談会までにいろいろな手立てを打っていきます。例えば、**スタート時は完全に教師が仕切ります**。教師が初めに誰が発言するのかを言ってあげる。そこは仕切ります。話し合いを聞いていると、話の逸れ方はすぐに気づくので、「逸れてるよ」とか、「誰が最初に来る？」などを言ってあげればいいのです。話し方はその都度教えます。

教師が一番できないことは「待つ」ということです。教室で1分しゃべらなかったらもう苦しくてたまらなくなりませんか。教室が本当にシーンとなるのは教師にとっては非常につらいことです。それでもベラベラと話すのをこらえ、子どもたちが行き詰まっても黙って放置してください。それでも出ないときは、「もうこれ以上意見が出ないからやめましょうか?」とニコニコしながら言います。

子ども:「いや、先生、待ってください」
教　師:「ちょっともう今日はやめよう。本当に無理そうだわ」
子ども:「いや、僕が行きます」

そう言う子が出てくれば、それでもいいのです。本当に無理だったら「もうやめましょう。違うことやりましょう。漢字やりましょうか?」と言うと、「やべぇ、これ途中で話が詰まったら本当に終わっちゃうぞ〜」みたいになります(笑)。「もう無理しなくていいよ。これは難しいことだから、中学生でやることだからね」とあおります。

話が逸れたり詰まったりしたときには、個人的にテコ入れして、サクラになってもらう方法もあります。「話を変えようって言ったらどう?」というのを周りに聞こえるようにつぶやきます。一人に言うのですが、全員に聞こえています。**聞こえるようなつぶやきを、どんどん多用**してください。

座談会の板書のときには、一部を子どもにさせてもいいですね。全部をさせるとしんどいですが、六年生にはおすすめです。中学年の場合では、まだ全体の意見を板書にまとめるというのは難しいものです。

成長が自主会議を生み出す

私のクラス（四年生二学期）では、子どもたちが自主的に会議を提案して、板書にまとめたケースもあります。

体育祭で四年生はソーラン節を披露しました。体育祭が無事に終わり、私が体操着に着替えようと「ちょっとごめん、先生、着替えてくるわ」と出ていこうとしたら、「その間にソーラン会議やっていいですか？」と言うのです。これが「授業の一部を任せてみる」の実践ですね。

「いいよ、いいよ、ソーラン会議って、すごいね。誰が発案したの？　やっといて、先生、着替えてくるわ」と着替えている間に、子どもたちが自分たちでソーラン会議を始めました。

そのときに良かったのは、板書も自分たちでやったことでした。学級会など板書はさせたいものです。そのときはソーラン節をやった中で良かったところをまず挙げていました。次に、「残念なことを言ってください」と黒板にも書いています。

私が戻って見ていると、「先生、まだやらせて」と言います。「しょうがないな～」とか言いながら（内心はうれしい）、後ろでビデオを撮りながら見ていました。

子どもたちはどんどん発表し出したのです。黒板が板書でいっぱいになり、どんどん話が進みます。するとある子が、「すいません。整理タイムをください」と言ったのです。どんどん進みすぎたらわからなくなるから整理タイムをください、と。そこに私は感心しました。

「整理タイムってすごいね。それ、あなたが考えたの？」

「僕たちで考えました」

頼もしい子どもたちだと思いました。前にいた子はその発言を受けて、板書の整理タイムを取って、「ちょっと待ってください」と板書を書きながら、「その間に意見をつくっていてください」と言ったのです。

子どもたちの成長に鳥肌が立った瞬間です。「意見を言いたい言いたい」だけではない、ということですね。

必ず評価を随伴させる

それから教師の評価です。評価は必ずします。**一番効果的な評価は、話し合いを文字に起こしたプリントを配ること**です。ここぞというときに、ビデオを見せてもいいでしょう。

文字に起こして、教師がこの子がすごいんだよ、とわかるように印をつけて配ってあげます。評価として文字起こしを返すことで、飛躍的に話し方が変わります。「この子が途中で入ってきたから話し合いが活性化した」「〈話を変えていいですか〉と言ったのは田中君だった」などということがわかるのです。

そうは言っても、なかなか「起こし」は大変なこと。そこで、「口頭で伝える」という方法があります。座談会中に印象的な発言をした子や話をうまくコントロールした子などをその都度メモしておき、それを座談会終了時か、次の時間の最初に伝えます。

「評価」は教育活動の全てに必要です。「教師が指導」→「子どもが実行」→「教師が評価」のサイクルを常に続けなければなりません。

自分が**「評価」できているかのリトマス紙は、「評価しなかったらソワソワするかどうか」**です。

私の場合、話し合いを聞いていて、「あ～今、いい（話し合いへの）出方をしたなあ」とか、「うまく友だちの発言をつなげて議論を展開したなあ」と感じたときは話し合いを止め、その場で価値付けます。すぐに評価するわけですね。もしタイミング的にすぐにできないようなときは、「忘れないようにしないと」とソワソワします。

これは「振り返り」を見ているときも同じで、「あ、いい書きぶりだなあ。これはクラスのみんなに紹介したいなあ」と思ったら忘れてしまわないように、すぐに「森川メモ」にメモしています。「2月3日の振り返り。山本紹介！」といったふうにです。

あらゆる教育活動に必ず「評価」を随伴させましょう。

/ COLUMN 4 /

なかなかに難しい「沈黙」

「沈黙」をうまくつかうことができれば、教室は変わります。

教師は、なかなか沈黙とうまく付き合うことができません。

教室で沈黙が訪れると、何か話さなければと思ってしまいますし、教師は話すことが仕事の大半を占めている（という意識がある）ので、つい〈間〉を嫌って話してしまいます。

しかし、沈黙は音を消す代わりに、違うものを浮き上がらせます。

それが「子どもの微反応」です。

教師が「反応しない」で沈黙をつくれば、子どもの「微反応」に気づくことができます。「微反応」とは、「頷く」「首をかしげる」「意見を言おうとして手を挙げそうになる……」などです。

教師が子どもの発言に発言で返していると、それら子どもの発言があったときの「他の子の反応」が見えなくなるのです。

そこで「沈黙」。

そしてこの沈黙は、子ども同士の聞く態度にも良い影響を与えます。

ある子が発言をしたときに、教師が反応をせずに沈黙をつくり、子どもたちを見回します。教師は反応しないので、発言者の子は仲間の反応を窺うことになります。

一方、聞き手である大勢は、教師が反応しないので「教師の反応で正解か不正解か（本来この発想もいらないのですが）を確かめる」こともなく、発言者を見ます。

「沈黙」がもたらす恩恵は大きいのです。

子どもたちの「耳」を育てるためにも、意図した沈黙をもって子どもたちの発言する姿を見守りたいものです。

CHAPTER
7

実践編 詩の読み取り合戦

実際に私のクラスで行った「詩の読み取り合戦」を、「起こし」で再現してみます。二つのグループに分かれます。まず、子どもたちに二つの詩を提示しました。

Aの詩

「入道雲にのって／夏休みはいってしまった／「サヨナラ」のかわりに／素晴《すば》らしい夕立をふりまいて∥けさ　空はまっさお／木々の葉の一枚《まい》一枚が／あたらしい光とあいさつをかわしている∥だがキミ！　夏休みよ／もう一度　もどってこないかな／忘れものをとりにさ∥迷子《まいご》のセミ／さびしそうな麦わら帽《ぼう》子／それから　ぼくの耳に／くっついて離《はな》れない波の音」（『忘《わす》れもの』高田敏子《たかだとしこ》、光村図書『国語四上』令和二年度版）

Bの詩

「じわじわひろがり／背《せ》をのばし／土と砂《すな》とをうるおして／くねって　うねってほとばしり／とまれと言っても　もうとまらない∥ぼくは川／真っ赤な月にのたうったり／砂漠《さばく》のなかに渇《かわ》いたり／それでも雲の影《かげ》うかべ／さかなのうろこを光らせて／あたらしい日へほとばしる／あたらしい日へほとばしる」（『ぼくは川』阪田寛夫《さかたひろお》、光

村図書『国語四上』令和二年度版）

Aは夏休みが終わったという内容で、子どもたちに寄り添う詩です。Bは、「ぼくは川」と、自分の人生を川にたとえた詩です。九月の初めに取り組みました。

Aの詩がいいと思う子を教室の右半分に、Bの詩がいいと思う子を左半分に座らせ、考えを対話させていこうというものです。最初の読み取りは浅くていいのです。まずは対話をしてコミュニケーションを取らせることが第一の目的です。

途中で、教師である私が介入する場面があります。その介入の雰囲気や子どもの発言が変わっていく様子がわかります。途中から一人の子に注目してみます。

子ども1（Y）：聞いてください。Aの詩のいいところは、一番最初の「入道雲にのって／夏休みはいってしまった」のところだと思いました。理由は、今、現実でも、……夏休みはいってしまっているから……**その文章が現実に似ているからいいと思いました。**

子ども2（W）：Aの詩は、小学生目線。小学生がわかりやすい、小学生目

教　師：説得力がある。えっと、今メモしなきゃいけない言葉が出たよ。何？

線で書いていて、Bの『ぼくは川』は、川目線で書いている から、私たちが共感しやすいのは、Aの『忘《わす》れもの』かなと 思います。

詩と同じように、実際に子どもたちの夏休みも終わったばかりでした。「小学生目線」「共感」という言葉が、教師の耳に入ってきていないと駄目です。これを教師が聞き取っているかだと思います。子どもたちはスルーしてしまうので、教師が押さえていきます。

子どもたち：説得力。
教　師：ううん、違う違う。彼女の。Wさん（子ども2）。
子どもたち：目線？
教　師：うん。何？
子どもたち：小学生目線。

教師：そう。①Tさん、反応してたよね。②「小学生目線」ってこれメモだよな。めちゃくちゃうまい発表の仕方。小学生目線。それから今、③「共感」っていう言葉も使ったよね。

①は、さりげなく「聞き方の良い子」を褒めているわけです。②③は、立ち止まらせたい言葉が出たので押さえています。そうやって、大事な言葉に〝引っかかる耳〟を育てます。

教師：Y君（子ども1）の……今日は一回目だから先生も入るんですけど……Y君ね、すごくいいこと言ってるから、もっと伝え方を工夫したら、かなりガーンってくるよ。「もう今すでに夏休み終わってますよね。今の現実とそれとが合ってる」って言ったよね。④それは、「現実とこの詩がリンクしてますよね」「つながってますよね。だからAのほうがパワーがあるじゃないですか。どうですか、Bの皆さん」って言ったらいい。Y君（子ども1）ね、あなたきれいに言っていいるけど遠慮しなくていいの。「Bの皆さん、わかります？　もう、この今の生活とばっちり合ってるんですよ、Aは」って。あと、審査員の人に訴えてもいいんだよ。「審査員の方、わかりますか？　このすごさ！」。Y君、オッケー？　よし。Y君、どうする？　もう一回いく？

子ども1（Y）：うん。

教　師：よし。もう一回いこう。Y君が変わってきたよ、恐らく（笑）。

子どもたち：みんな静かに。

Y君（子ども1）に対して、具体的な指導を入れます。④ですね。こう発言したらいいよ、という具体的なセリフを与えてあげます。⑤⑥は、みんなへの呼びかけの仕方ですね。私は、実際には身を乗りだすようなジェスチャーも入れながら話していきます。そして、大切な⑦。もう一回言い直しをさせます。**発言をパワーアップさせて、過去を変えさせる**わけです。

子ども1（Y）：審査員の皆さん。今からいいこと言うので聞いてください。

教　　　師：（笑）。⑨もういいことって言っちゃってるからね、今。はい。

子ども1（Y）：この詩は、すごくいいことが書かれています。いいことを書いているところは最初の二行です。⑩理由は、現実とこの詩の世界がリンクしているので、すごく読みやすい詩だと思います。どうですか。Bの方々。

この子は、⑧のようにいきなりアドリブを入れてきました。これはすごいことです。すかさず⑨で返して価値付けます。結果、⑩のように発言が変わり、クラスにはY君の上手な発言、として残るわけです。

教　　　師：で、Bの方々、ここで言っていいんだよ。

子ども3　　：えっ、いいの？

教　　　師：言っていいよ。はい、もうここから自由ね。もう自由にやるんやで。

子ども4（N）：現実と同じなのはわかるけど、『ぼくは川』というのも、川のことが書いてあって、今、暑いから川に入ったら気持ちいいなっていう感じのことを考えながら何か読んだら、『ぼくは川』のほうが楽しいと思う。

この後、Nさん（子ども4）に注目してください。この子の発言が変わっていきます。対話の必要性がよくわかります。今、この子は川は冷たいから気持ちいいと言っていますが、そういう詩ではありません。『ぼくは川』は、人生が川だという詩です。この段階ではそういう捉え方をしていません。それが確実に対話の中で変わっていきます。続けます。

子ども5：Aは「あたらしい光と」と書いているので、暑いので、Aの人は暑いの好きなんですか。Bの詩は川なんで、プールみたいな感じで気持ちいいと思います。

子どもたち：(笑)。

最初は、「川なんで、気持ちいいと思います」とこれくらいです。これが全く変わります。対話をしていって、みんなで話して楽しいという空気がまず大事なのです。

みんなでわいわいやって楽しく、新しい意見を聞いたら面白いなとやっていくことで、内容の質も変わっていきます。

子ども6（K）：Bは「じわじわ」や「くねって　うねって」など、表現する言葉があるのに比べて……。Aにはそんな表現する言葉が〝いっさい〟ありません。

ここでちょっと質が上がってきましたね。最初のブレイクです。「表現する言葉」、これが私の耳に残るわけです。子どもたちがスルーしてしまったら、出ていかなければいけないところです。この子がちょっと斬り込んでくれました。

子どもたち：（笑）。

教　　師：⑪次は、Oさんがしゃべる。まだへたなところは先生が言うから。Oさんが次しゃべります。でも、ちょっとみんな考えてよ。聞くところは聞いておかないとまずい。そうじゃないと正確なジャッジできないよ。今、何て言った？　言える人、黙って手挙げてみて。今、⑫メモしなきゃいけない言葉出たぞ。審査員も聞いといてよ。今、何て言った？
⑬何が一切ない、一切あるって言ってる？　これ絶対聞いとかなきゃ駄目でしょ。審査員に当てよう。はい。J君。

子ども7（J）：Bには「じわじわ」とかそういうのが書いてあるけど……。

教　　師：こういうの、何という言葉って言った？　「くねって　うねって」も言ってたよな。

子どもたち：うん。

教　　師：これを彼は何て言った？　⑭そこまでは覚えてない？　でも言ったところは合ってた。覚えてる？　審査員、はい。G君。

子ども8（G）：証言。

教　　師：おしい。証言じゃなくて？

子どもたち：表現。

教　　師：そう。M君、何て言った？

子ども9（M）：表現する言葉。

こんなふうに、教師が押さえるべきは押さえていきます。⑪では話したそうにしているメンツを見て、教師が発言する子を指定しています。⑫のようにメモを促したり。⑬⑭では、審査員を巻き込んでいます。審査員を導入するなら絶対に〝お客さん〟にさせないこと。そうでなければ、導入しないことです。G君の「証言」は違いますよね。「表現する言葉」と言っているので、あの時点でこだわらなかったら、多分、G君は、「証言」だとずっと思ってしまう。つまり、**子どもたちは大部分を一生懸命聞いていても、意味そのものを取り違えている可能性がある**のです。**立ち止まる必要がある言葉には、きちんと教師が立ち止まらせないといけません**。

「証言することって何だろう」と思っているはずなのです。でも、そうじゃなかった。立ち止まってみたら「表現する言葉」だった。ここは教師が入る必要があるところです。新しい視点や新しい言葉が出てきたら、そこで教師が入っていき、これを受け取るのだと教えていくシーンでした。

教　師：「表現」する言葉って言ったよね？　メモだよね。「表現する言葉がないです。一切ないですよね」と言えば、かなり相手に叩きこんだよね。それで、待てよ、そうなったらって状況を整理します。**冷静にいこう。聞くところは聞く。**そうじゃないとジャッジできないから。それから笑ったりするのは全然いいです。ただ、**しゃべってるときは絶対聞きなさい。**それと、ちなみに立ち歩きあり。どういうことかというと、例えば「ちょっと審査員の方、いいですか?」とそばに行ってオッケーです。⑮この狭い教室を自由に使いなさい、もっと。はい。Oさん。

子ども10(O):K君(子ども6)は表現する言葉、「じわじわ」とかがAにはないと言ったけれど、何か⑯「だがキミ!」と、「おまえらー」みたいな感じに言っているから、私は別に「表現する言葉」はあると思います。

子ども11:Aには「だがキミ!」としゃべりかけている感じがあるから、Aのほうが共感とか……読みやすい感じがあると思います。

⑮では話し合いのときの〝ふるまい〟を教えています。プレゼンテーションの要素の一つですね。巻き込む技術です。さらに⑯では、**子どもたちの読み取りが文章を取**

り上げて話をしていくようになってきています。先ほどの「川だから気持ちがいい」というのは、文章と全く関係ないわけです。ところが、「表現する言葉」と言ってくれた子のところから、話し合いの空気は変わりました。「『おまえら！』みたいな感じに言っている」というのは、「だがキミ！　夏休みよ」という言葉がAの詩にあり、「それが表現の言葉じゃないの？　Aもあるじゃん」というのが、Oさん（子ども10）の意見です。

これを文字に起こして、評価するとしたらどうなるでしょうか。キーマンとキーフレーズを強調したいところです。**誰のおかげで雰囲気が変わったか。「表現する言葉が〝いっさい〟ありません」と言ったK君（子ども6）**です。このセリフを大きく表示して配れば、「文章のことをちゃんと話題に挙げている。素敵だよね」となります。文字に起こさずとも、口頭でも伝えたいところです。

ここまでで8分程度です。これをビデオに撮っていたら、子どもたちに見せて、**「〇〇君が文章のことを言ったから、みんなが文章のことを話し出したよね。話し合いにはそういうキーマンという人物が必要で、君は確実にキーマンだったよね」**という話ができます。時間がかかっても、振り返りをすると、その投資した分が必ず返ってきます。空虚な話し合いにはなりません。

教　師：S君が次にしゃべるとして、何度も悪いけど、審査員にもう一つ見るポイントを言っておきます。⑰それぞれのチームで偏りなく発言しているかも見て。つまり譲り合っているとか、それから言っていない人ができるだけ言うとか、BもAも。そこをみんなもちゃんとしよう。審査員、それも見て。同じ人が最初から最後までずっとしゃべっている。これは駄目。そうじゃなくて、⑱いろいろな人の意見が出てくるほうが絶対いいと思いますから、そういうことも入れてください。はい。S君。

⑰⑱はより多くの発言を促しています。こういうこともコツコツと入れていきます。

子ども12（S）：「ぼくは川／真っ赤な月にのたうったり」のところは、**川の人生**のような感じに……。

はい。ここできました。二つ目のブレイクです。「川の人生」。さらに質の違うことが出てきました。この後、この子の意見を聞いていた、他の子が感化されていきます。だから、対話は大事なのです。話し合いをなぜするのか、その意味があります。**この子が「人生」を持ち込んだので、そもそもの感覚が変わった**のです。少し前まで「川はピチャピチャ」という発想だったものが、変わっていきます。

子ども12（S）：とっても楽しめるところだと思っています。「ぼくは川／真っ赤な月にのたうったり／砂漠《さばく》のなかに渇《かわ》いたり」これは現実として、とっても楽しめる詩だから、共感します。

子ども13：⑲はい。

教　師：Hさん。審査員から一言、「今、皆さん、あの言葉が聞けましたか？」って言ってみてください。

子ども14（H）：⑳今、皆さんあの言葉が聞けましたか？

教　師：○○さん、聞いてた？　ちょっとT君言ってあげて。S君が言ったあの言葉。

子ども15（T）：人生。

教　師：それだよ、それ。もう一回言って。

子ども15（T）：川の人生。

教　師：これ、「人生」っていう言葉を聞いていた人、手を挙げてみて。これメモだよね。つまり、㉑これは相手側でも、例えばAチームの人は、Bの詩のところに「川の人生」「人生」って書くんですよ。

⑳で「聞いてた？」と私が問いかけた○○さんは、多分聞いていないのです。聞いていませんが、この子に当てて「人生」を意識させたい。「君、聞いてないでしょ？」と言ってしまうと、この子を追い詰めることになります。「聞いてましたか？」と意識させて、わかっている周りの子どもたちに参戦させて全員を巻き込んでいきます。

ちなみに、「言葉を受け止めるのは審査員の仕事だよ」と最初に話しているので、審査員もうかうかしていられない状況です。⑲のように何度も突然話を振り、発言させます。㉑で学びの仕方（メモの仕方）を教えます。

さて、お待たせしました。ここから最初のNさん（子ども4）の発言が変わってきます。

教　師：続けて。

子ども16：確かにAには、僕たちに聞いてきたり、そういうところがあるけれど、その分『ぼくは川』の詩では、ないかわりにちゃんと意味が全部のところに入っていて、言ってない分いいかと思う。

子ども4（N）：S君の「川の人生」に付け足しで、審査員の皆さん、絶対聞いてください。この話は川だけではなく、作者の阪田寛夫さんの人生の表現でもあると思う。それは最初のほうは作者の子どもの頃を書いていると思う。「じわじわひろがり／背《せ》をのばし」の「背《せ》をのばし」は、どんどん成長している感じで、大きくなっているのがわかります。次の「ぼくは川」のところは、大人になった阪田さんの話をしていると思います。「真っ赤な月にのたうったり」とは、「のたうったり」は苦しい、苦しくて転がりまわると調べましたよね（〝起こし〟内には出てこないが「のたうつ」を話し合いの中で調べる、というシーンがあった）。その「真っ赤な月」というのは、何だか悲しくなるような出来事に、苦しくなったりしてしまうこと。「砂漠《さばく》のなかに渇《かわ》いたり」というのは、負けてしまったり、すごく苦しくなったりということ。砂漠の中では水はあまりありません。

そのように、その川だった阪田寛夫さんは砂漠の砂の一部になってしまったときがあるんだと思います。

この子は最初に「川は気持ちいい」と言っていたNさん（子ども4）です。だからこのシーンは、**違う意見を取り込んで自分を変えていく、教室の醍醐味**が出たシーンです。S君（子ども12）のおかげなのです。この子が「人生」を持ち出したことで、周りの子がインスパイアされ、ものすごく広がっていきました。

しかも、ここはこう、ここはこうと、どんどん子どもたちが感化されています。それをみんなで聞いて、「おお、すげえ」と感動しているのです。結局、読み取りとはちゃんと文字を追う、文章のよりどころを話さないと駄目だということを学ぶ良い機会になったと思います。最後にNさん（子ども4）はさらに変わります。三段階変化しているのです。次です。

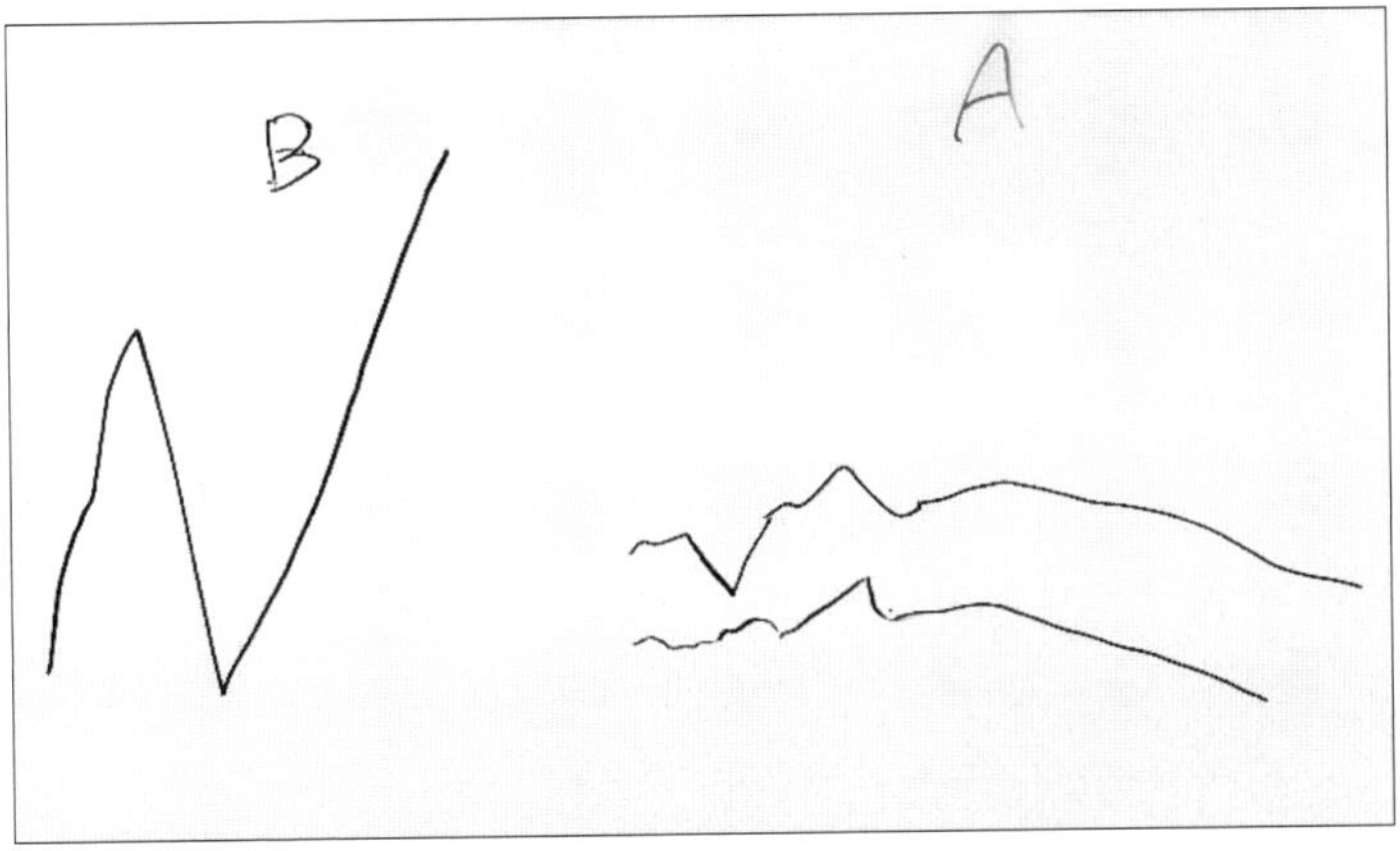

話しながら書いたNさんの「幸せグラフ」

ここからは、翌日の授業の様子です。

子ども4（N）：私はAの詩とBの詩の「幸せグラフ」を作ってみました。Aの詩は、ちょっと上がるくらいで、最後は下に下がっている感じです。何で下に下がっているかというと、最後の第四行目のところで、「迷子《まいご》のセミ／さびしそうな麦わら帽子《ぼう》／それから　ぼくの耳に／くっついて離《はな》れない波の音」というのが、悲しい感じがするから、下に下がっていると思いました。

Bの詩は最初、「じわじわひろがり／背《せ》をのばし」というところから、ずっと上がっていて、「とまれと言っても　もうとまらない」というところもずんずん上がっています。でも、そこから「真っ赤な月にのたうったり」というのが、「真っ赤な月」の「真っ赤」というのは、ただの赤じゃなくて、どす黒い赤だと思う。

その赤の月に苦しくて転がりまわったり、その後、「砂《さ》漠《ばく》のなかに渇《かわ》いたり」という。その何か嫌なことがあって、幸せグラフはどん底に落ちるんですけど、「それでも雲の影《かげ》うかべ／さかなのうろこを光らせて／あたらしい日へほとばしる」というので、そこからどんどん上がって、最後はもうなんか突き抜けるぐらい上に上がってると思います。

教師：Nさん、つまり？

子ども4（N）：つまり……。
教　師：うん、つまり？
子ども4（N）：つまり、Aはあんまりちょこちょこしか上に上がらなくて、最後は下に下がってるけど、Bは一回下に落ちるけど、最後は一番上に上がって突き抜けてる感じだから、幸せグラフの幸せ度としてはBのほうが上だから、Bのほうがいいと思います。

Nさん（子ども4）は図解が入りました。これまでクラスみんなでつかってきたツールである「図解」が、自然と活用されています。この子は、最初の発言と、全く変わりました。これはこの子だけが生み出したのではなく、**他の子の意見を聞いていくごとにどんどん自分に取り込んでいったということ**なのです。たぶん六年生だったら、この後に「感情の起伏」という言葉を教えると思います。このとき四年生ではやりませんでしたが、**そういう用語にリンクさせていくことも教師の仕事**です。

対話や座談会を行うと化学反応が起きます。仲間からもらったもので自分が変わる。

これが最高なのです。**これが教室**なのです。

私が一人で彼女と対峙していたら気づいていたかどうかわからないです。S君（子ども12）という子が人生を持ち出したからどんどん変わっていった。ここでは、Nさん（子ども4）に注目しましたが、他の子もそうです。いろいろ言っていた意見が、文章を読んでいくことで変わっていきます。

Nさん（子ども4）は最初、「川は気持ちいい」と言っていました。ところが浅く表面的な意見だったものが、友だちの意見がこの子の中に入ってきます。それを合わせて文章を読み取っていく中で、この子の中で意見が再構成され、変わっていきます。次に意見を言ったときには、「川は作者の人生を表す」と言いました。つまり、三角形だった意見は角が増えた少し複雑な意見に変わりました（171ページ上図）。

そこからまた話し合いを経て、いろいろな意見を聞くことで、彼女は最後にAの詩とBの詩を比べるグラフを提示しました。それが、「幸せグラフ」と名付けた彼女の図解だったわけです。

ここで、図解で説明する学習も花が開きました。二学期の終わりぐらいで、それまでに学習してきた伏線が全部回収されていくのです。**Nさん（子ども4）の意見はみんなが育てている**のです。それが対話の意味するところなのです。対話を経て、最後

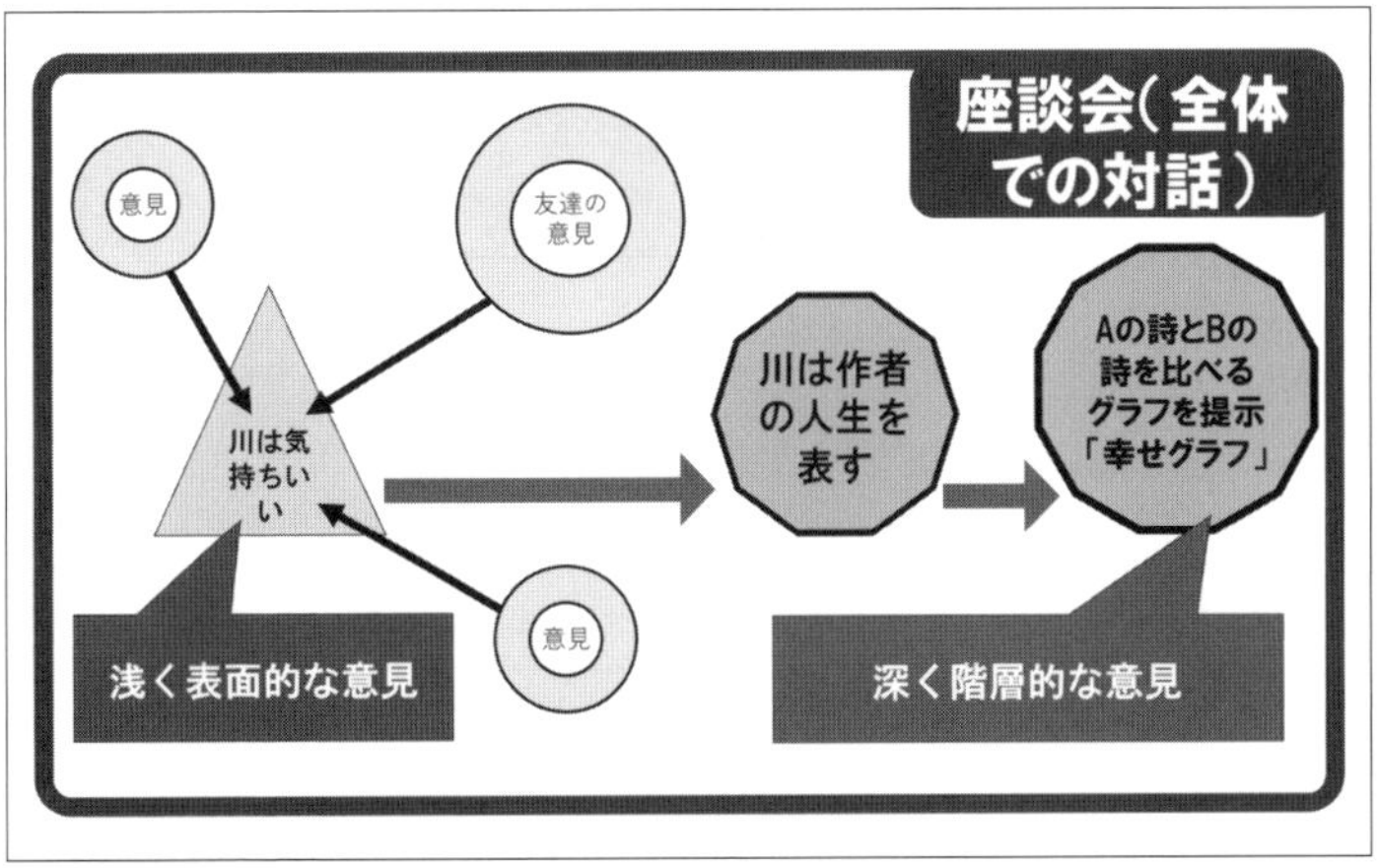

対話による『ぼくは川』に対する思考の深まり

には深く階層的な意見に変わっていきます。

これが教室で行う座談会での対話の良さなのです。**対話は新たな思考を生みます。対話は新たな発見を生みます。**対話の〝意味〟を実感したら、明日から少しでも対話させたくなるでしょう。

「話す・聞く」を日常の中でうまく機能させ、図解を教え、教師が復唱しないなど、細かなことを積み重ねていくと、三学期には必ず花が開きます。今この瞬間からでも遅くありません。〝対話革命〟を起こしましょう。そして、日々の教室を活性化させ、深い学びへと導いていこうではありませんか。

エピローグ

「話す」「聞く」という行為はその人の人柄が支えています。私たちが口をついて出る言葉は、その人の人柄や生き様、哲学、そういったことが出てきます。根本的に私たちが人として真っ直ぐ歩いていきたい。

教師はいろいろな問題が起きている中で、それをはねのけながら教師をしています。教師は本当に尊い仕事だと思います。

子どもたちに「対話」を教える前に、まず私たち教師自身が温かな「対話人」になりましょう。

可愛げのある後輩になってください。気分で挨拶もしない。目の前にいても挨拶もしない。こういう教師に神さまは微笑みません。

温かさのある先輩でありましょう。広い視野で、大きな懐で、優しい眼差しで後輩の教師を育てていきましょう。
そして何より、子どもに対して誠実な教師でありたい。一番大事なのはそこです。
教師であることは、子どもと語らい、子どもを語ることです。
教師だからこそ、誰よりも人として私たちは誠実でありたいと思います。
授業にも、大人にも、子どもにも。

最後になりましたが、本書をまとめるにあたり、学陽書房の根津佳奈子氏には大変お世話になりました。感謝申し上げます。

子どもたちが〝変わる〟瞬間を特等席で眺められる幸せを噛みしめながら……

森川正樹

著者紹介

森川正樹（もりかわ まさき）

兵庫教育大学大学院言語系教育分野（国語）修了、学校教育学修士、関西学院初等部教諭。
令和2年度版学校図書教科書編集委員、全国大学国語教育学会会員、授業UDカレッジ講師。
授業塾「あまから」代表。

国語科の「書くこと指導」「言葉の指導」に力を注ぎ、「書きたくてたまらない子」を育てる実践が、朝日新聞「花まる先生」ほか、読売新聞、日本経済新聞、日本教育新聞などで取り上げられる。

県内外で「国語科」「学級経営」などの教員研修、校内研修の講師をつとめる。社会教育活動では、「ネイチャーゲーム講座」「昆虫採集講座」などの講師もつとめる。

著書に、『小学生の究極の自学ノート図鑑』（小学館）、『教師人生を変える！　話し方の技術』（学陽書房）、『子どもの思考がぐんぐん深まる 教師のすごい！書く指導』（東洋館出版社）、『できる先生が実はやっている 働き方を変える77の習慣』『できる先生が実はやっている 教師力を鍛える77の習慣』『小1～小6年“書く活動”が10倍になる楽しい作文レシピ100例』（以上、明治図書）他、教育雑誌連載、掲載多数。
教師のためのスケジュールブック『ティーチャーズ ログ・ノート』（フォーラム・A）のプロデュースをつとめる。

【社会教育活動資格】

「公益社団法人　日本シェアリングネイチャー協会」ネイチャーゲームリーダー、
「公益社団法人　日本キャンプ協会」キャンプディレクター、
「日本自然保護協会」自然観察指導員

【ブログ】

森川正樹の“教師の笑顔向上”ブログ
http://ameblo.jp/kyousiegao/